# 大聲說幹的女孩

FUCK

安－索菲・樂莎傑　芳妮・樂莎傑 合著

林佑軒 譯　　蕾娜・琵蝴 插畫

# Celle qui a dit Fuck

我接受這場名叫「身為我」的偉大冒險。
——西蒙‧波娃

這本日記的主人：

# 艾莉絲

## 芳齡33，身高160

(↳護照寫的啦。真的我呢，身高恰恰158)

### 我最開心的地方？

蓮蓬頭下面！是個適合思考的偉大所在。我所有的決定都是在那裡做的：關於生，關於死，或是、或是⋯⋯關於今天怎麼穿。

### 我最像盛開花朵的年紀？

四歲半。因為啊，那時候我才不鳥別人怎麼看我。我覺得超自由的（出門都可以混搭玫瑰紅內搭褲跟橘色的裙子，大家不會對我品頭論足）。

### 我的好姐妹怎麼用一句話形容我？

可愛又煩人的而立女孩！ ♥

### 在床上失去意識時，我在想什麼事？

我從頭到尾，把明天的待辦事項好好順個幾次。（＃工作＃簡訊＃睡搞搞）

### 如果我必須在另一個國家生活？

我選丹麥，感覺是個幸福的國家！我超想去那邊走走的！我常常去Ikea晃，感受一下北歐的氣氛；不過，逛Ikea跟去北歐還是不太一樣。

### 我心中理想的家庭會是什麼樣子呢？

要結合英格斯家的團結（《大草原之家》）、鄧菲家的靈活（《摩登家庭》），以及企鵝家族平衡的家務分工（企鵝蛋落地之後，企鵝爸爸負責孵蛋，企鵝媽媽負責逛街）。

### 夜晚還是早晨？

兩個都不要！

真要說起來，我上午11點32分到34分最閃亮。

（＃每個人有他的生理時鐘）

### 讓我煩到不行的事物？

我是一個「焦慮妹」所以對我來說，很難在我跟馬里亞納海溝一樣長的煩心清單中選一個最煩的耶。不過，我相信對我來說，「害怕辜負期待」會是我最久遠、最永恆的擔憂。

### 我的象徵動物？

獨角獸。

**我怎麼樣逃離現實（不搭火車也不搭飛機的話）？**

畫畫。我畫素描，讓我的心情在紙上有了生命。這是我的解悶小絕招。

**我這輩子最討厭的事物？**

那些大吼大叫叫她們的小孩安靜閉嘴不要吵的女人！

**我無傷大雅的小原罪？**

把一整包七彩巧克力豆倒進一碗天然優格。優格無糖。（＃女孩的矛盾）

**我最常幻想的事？**

跟♥歐♥巴♥馬♥結婚（我是蜜雪兒·歐巴馬的鐵粉。不過，既然是在聊幻想，那我就當我什麼都可以囉。－＃YesIcan[1]）。

**我什麼時候覺得最孤獨？**

當我對我老公的同事矯情嘮爛，假裝我們去布魯賽爾只是為了去看馬斯垂克的展覽。

其中一個人親切地對我說：「妳說的是馬格利特[2]吧？」我根本記不住那些名字。<u>我當場被打趴。</u>

**我最驕傲的事情？**

我認識的人兒們！或者不如說是我跟他們建立的關係。這是我保持生活平衡的方式。

**我想化身為虛構世界中的哪一個女英雄？**

我在這兩位之間舉棋不定：《冰與火之歌》裡的丹妮莉絲，因為我覺得騎著龍全裸散步真的立刻就令人肅然起敬（而且這種交通方式一定比地鐵月票還便宜）；以及《做這做那都不對》裡面的法比娜·樂琵克，她完美詮釋了什麼叫放下執著！我可以化身成騎在龍上的法比娜嗎？

**我愛到炸爛的T恤上的金句？**

「你不必完美也能絢爛精彩！」

**來許個願吧？**

為自己而活！給自己多一點放縱的美好！我曾相信過，相信了7年9個月又3天之久──我相信世界上真的存在擁有魔力的神奇女英雄（好比《美少女戰士》或《神力女超人》[3]那種的）。現在啊，我想，我可以試著<u>多相信自己一些</u>。

# 三月一日

## 這一天，天搖地動

今天是個<u>特別</u>的日子！

是，今天永遠會是——「我新生的第一天！」

今天，我一整個超走運……的相反。我過了一個啊，驚心動魄一路活了三十幾年到現在，[最糟的一天！]（不過，也可能是最棒的）。

一切倒是開始得平平常常呢。我們出得有點晚，只能在尖峰時段搭地鐵；既然是尖峰時段，當然常常就會有「乘客事故」（我自己是從來不曉得，這種根本跟暗號一樣的廣播是想隱藏什麼驚世大祕密啦，有時候齁，不知道比較好。）總之，這件事早該讓我提高警覺。很可惜，並沒有。我啊，跟所有被逼著卡在車廂的傢伙一樣，開始呼吸得很大聲，放肆地向全世界傳達怎樣啦老娘我就是不爽。我假裝看錶，雖然我從2000年就沒在戴錶了。我考慮走另一條路線去上班。不過，我知道，當我離開車廂的那一瞬間，鈴聲就會響起，車子重新上路（巴黎地鐵就這個最經典）。所以呢，我留在原地，我滿肚不爽，列車堂堂開拔。然後，遲到了45分鐘後，我，來到辦公室，整個人一觸即發，怒火空前絕後、雄雄燃燒，誰敢第一個找老娘碴保證完蛋。

性感突擊饒舌組[4] 的歌詞熊熊在我腦海循環播放：「我跟你說歹勢，我想要的其實，是孤獨不問世事。」於是，我開始把自己正港的孤立起來、不問世事……結果我的辦公室是開放空間。私密度：零，<u>ㄎㄤˋ</u>。為了繼續衝刺這開場得何其美好的一天，我看見手機裡有十幾封我老公傳給我的簡訊。我們早上道別的氣氛真是太～融洽了。「妳已經給我們兩個太多壓力了。」「做這個應該要開開心心地享受才對吧。」「妳要放鬆一點。」這些

愛情小句，實在無法幫我放鬆。其實，它們帶來的根本是反效果。我想我老公指的，應該是我那一點控制狂的傾向，而這個傾向在我們決定開始一個理論上應該挺愉悅的計畫─對，做人──之後，有些變本加厲。顯然，我們做這個決定的時候，忘了考慮我對床上表現的強迫症。才剛剛做出決定呢，我好像就迫不及待化身慈禧太后，全盤明確規劃在哪做、何時做、做幾次、怎麼做。一切煞風景、超出戲的爛事，我都做了。今天早晨，他沒有出席我事先敲定、特地留給生寶寶雙人探戈的時段：6點45分至6點52分，我就火啦。啊，而且，我不是火大得很可愛的那種女生。我鞠，砸爛碗盤、砰地甩門、揚長走人！＃小題大作姊。好啦，這就是為什麼他傳了這十幾封簡訊給我的原因。可是，我甚至沒時間處理它們，因為我忙碌的一天已經正式開張。

我才剛剛把我的性感小美尻（是的，在這種爛透了的日子裡，自己給自己點幾個讚也沒什麼不好啦）安放到我的寶座上，我家的實習生就帶著他的一千個問題出現了。請注意！我一直都非常鼓勵他們要有求知慾。事事好奇的實習生絕對比死魚樣的實習生更來勁。不過，在這種時候，我真的沒那個動力對他傾囊相授。

老天有眼，一道曙光照亮了這爛爆的一天：我跟我閨蜜蘇菲的午餐約會。我很瞭，她會改變我的想法的。
　　見面前15分鐘（一股殘酷的、從辦公室落跑的慾望啊……），我就幫我們兩個各點了一杯粉紅酒。我曉得季節不對，而且就算午休現在超潮的（謝謝你，神經科學），從大肆開喝的午餐聚會收心回來也不是什麼簡單任務。算了，沒差。

我只不過看著那道光遠遠來到，心情就變好了！她就是那種陽光女孩，一個單純的微笑立刻讓人窩心。我真的被她療癒了！還

好，因為幾分鐘後，她喜孜孜地像個禁食5天後抓到一罐Nutella榛果可可醬的女人一樣昭告天下：她不喝酒。我秒懂她的意思。對，她正在報佳音。又來了。她懷孕了。她贏了。當然啦，我做了在這種時候一定要做的事：緊緊繃開一道微笑，繃，我用力繃，繃出來的皺紋掛在那邊好幾個月（提醒我曾經有過這個超溫馨的一刻呢）。我為她開心，一定的啊……不是啦……真的啦騙你幹嘛……算了算了算了！又一個超車、擊敗我的女人！我現在壓力超大，連天公伯都救不了啦……。

於是，我找藉口提早結束了這場酷刑午餐。

當時，我還不知道，這一切的爛事甚至還沒結束，這好得要命的一天。才剛剛找時間溜去廁所好好哭一哭咧，我又被我的頭頂上司傳喚過去。我臉整個哭到水腫，她才不管咧，她就是要堂堂正正跟我作對，她就是想要扔坨山芋燙爆我的手！而且，她超難搞。就這樣，她也懶得掩飾了，直接告訴我：我超級覬覦的那個升遷案（一個最近開出來的，方方面面都令人垂涎的肥缺）被我同事搶先得手了。這小人甚至還是我的工作搭檔！這賤貨，知人知面不知心！假裝是我好姐妹，實際上不知羞恥地偷偷超我的車。

一滴淚悄悄滑落……我開始呼吸困難，頭昏眼花……我那極度缺乏同理心的嚴苛老闆叫我去看醫生。我看她是罪惡感作祟吧。我找個藉口溜了。在候診室，我盡力試著乖乖等待，等著輪到我，但這些感冒的爛咖明明離死很遠，不像我。我不耐煩到爆炸，整個腦袋像水燒開來了。還有啊，我有慮病症，候診室讓我超級恐慌：我立刻開始想像每平方公分的病菌繁殖數量，我光用想的就病了……真的啦，千真萬確。

# 慮病症

我在候診室的過度思考
會要了我的命！

沙盤推演：

a）我上網把我所有的症狀查一遍，
好跟醫生討論。

b）我拿出「Fuck it」[5] 的態度！
沒事的啦⋯⋯我大大深呼吸，
冥想自己身在一個寧靜又療癒的寶地
（我阿嬤的鄉下透天厝）。

c）我長了黑黑的東西，我換氣過度⋯⋯
我一定有腦瘤⋯⋯。

**完全**跟我昨晚睡前在看的《實習醫生》[6]
裡面一個病人一樣。（巧合？！）

（解決之道：b）

11

好了，總算叫到我了。皮卡醫生，我的家庭醫生，我一直超愛他的冷靜。我跟他描述我的症狀。他聽著我講，沒有叫我脫衣服來個聽診。不是說我很迷戀聽診這個時刻啦，正好相反。不過二十年來，每次人家在診間叫我脫衣服，我一定要丟出一堆問題：「我脫毛衣囉？T恤也要脫？那我胸罩就穿著囉？啊？要脫喔？」這一次他什麼都沒說，我覺得怪怪的。我恐怕已經身染重病，所以他決定不要再折磨我了。這個人怎麼這麼偉大！

　　他用一堆問題開攻：

　　「妳自我要求很高嗎？太高了？妳有控制慾？妳對完美有種執念？妳無時無刻不思考？妳總覺得不夠好？簡單說，妳把生活搞得很苦惱？」

　　我沒有很同意。我很肯定他想說的是什麼。結果錯了！他為我的病下了結論：

「您有IPSF，也就是不停地強迫思考，以此合理化一切。」

　　我迫不及待問他，我還剩多少日子能活。他糾正我：

　　「這只代表您是個 *over thinker*[7]（我花了點時間才聽懂他的英文發音）想太多的人，就跟在美國他們講的一樣。您是個過度思考女、超敏感人、腦袋瘋狂亂轉妹。」

　　所以囉，我沒得什麼會讓我很快死翹翹的病。我噗哧一聲，笑

了出來。還有什麼？說，你都說。我還是一個煩人的傢伙，對吧？大哥，我行得正、坐得直！沒錯，我是有點自尋煩惱、鑽牛角尖、喜歡給自己壓力，但就這樣給我貼標籤……。

醫生長篇大論暢談放下執著多好又多好，推薦我參加一個叫作「很好」的想太多的**無名氏互助會**[8]（開玩笑的），我就決定回家了。回家前，我撥了通電話給三十多年來，這世界上唯一對我好、為我好的人——我老媽！

當我跟她訴說今天的驚濤駭浪，我感受到了電話那端的不耐煩。難道我真的達成了33年人生中從未有過的……？

從未……。
不，不，不……（©卡梅莉亞·裴達娜）[9]。
不，一次也沒有……。

對，沒錯！今天，我竟然真的讓老媽不耐煩了……。

我媽……這收~~我愛我~~我無條件愛我的生物。無論如何她都覺得我很棒。諸事不順的時候她讓我安心。每天晚上7點12分到7點42分，我下班回家或在超市亂逛時，在冷凍食品與醃製肉品的貨架之間，總不忘打給她，她總是（親切地）聽我講述那一長串生活中大大小小的倒楣事。

結果今天，當我花時間跟她講好講滿我的「今口不爽」與「今日重大困境」時，我發現她不耐煩了。**不耐煩！**

我走到調味料區的時候，她掛了我電話。她藉口手機沒電。但是，有件事我媽絕對不會讓它發生——對，就是手機沒電（她在Instragram上是天后級的姊字輩人物啊。沒了Instragram，她就什麼都不是了）。

總之，今天，我竟然真的讓她沒力、讓她頭昏、讓她不爽了！
#嚇傻

我只剩一件事好做：鑽到棉被裡，瘋狂追劇——我要追《生活如此甜蜜》！

## 我，生命的主人……

真有趣。經歷了昨天的一切，幾小時緊湊思考後，我睡醒了，有種怪怪的感覺，甚至有慾望！慾望超多的！跟強尼・哈樂戴（安息吧強尼）[10] 講的一樣，我甚至有「想有慾望」的慾望！然而，不是那種慾望。讓我整天想來想去的，這一次，不是開福斯休旅車環遊世界，也不是入手史密斯運動鞋金色經典款（雖然它跟我超搭的），更不是跟歐普拉來個真情指數脫口秀。不，這一次，我想要：放、下、執、著！

我覺得自己體會到了什麼，心中有所啟發。我充滿鬥志，甚至覺得自己身負使命！為了誰？又是為什麼？

就為那些「腦袋瘋狂亂轉妹」、「過度思考女」、「超敏感人」，為那些鑽牛角尖、恐怕會錯過生命美好的女孩！

為那些永不滿足的女孩，那些要求太高的女孩！為那些一個人搞砸生活的女孩……為那些跟我一樣的女孩！

### 定義

「要求太高的女孩」有以下的煩人壞習慣：
給自己壓力、想滿足所有人的要求、行禮如儀地不斷為
自己添加罪惡感，以及——當然啦——
太在意別人的眼光。這讓她自找挫折、自尋煩惱；
這挫折跟煩惱就是她的壓力源。
幸好，改變，隨時可能！

SOS

昨天宛如地獄，不過如果我願意，我明明可以活出不同的一天。我明明可以不要把找老公的碴當成一天的開始（這樣的話，他當然會在我們的生寶寶大計中表現得更好囉）。在地鐵，我明明可耐心等待（據我所知，抱怨絕對不會讓列車重新啟動的），把時間拿來追一下我進度落後的、諾哈·韓扎薇[11] 的廣播節目，這樣我心情就會好。我明明可以為我懷孕的朋友開心，何況我曉得當我有喜，她一樣會為我開心的。我明明可以從我擦身而過的升遷機會中，看見無形中有更好的東西正在等我，這一次升遷就不是我命中注定的呀。我明明可以告訴自己，老媽只是因為一再聽到女兒過得不好而難過，因為女兒都只跟她訴苦、很少跟她分享快樂，她很傷心。說到底，會不會一切都只是角度跟觀點的問題？為什麼我以前就沒辦法調整看事情的方法呢？這就是我要參透的謎題！我想要答案！這個問題很難很嚇人，但我一定要解開它……因為，我受夠了！

受夠了不停煩惱。
受夠了因為盡力處處討好而覺得一無是處。
受夠了自己變成自己最可怕的敵人。
受夠了沒法看見親朋好友是怎麼看我的：一個還算酷的女孩，蠻自在的，又好相處。如果他們知道，這其實只是一部分的我……。

**身為生命的主人，**
我會試著減輕我的心理負擔。

**身為生命的主人，**
我會堅持實現我的夢想，
堅持到底實現我的夢想，
我會堅持實現我的夢想，
直到理智瘋狂。（J.J.高德曼）[12]
這傢伙真懂我！

**身為生命的主人，**
我不會再把生命搞複雜，
我會對自己再好一點！

**身為生命的主人，**
我不會再給自己找壓力，
我會學習接受我的挫敗！

**身為生命的主人，**
我完美接受自己的不完美！

**身為生命的主人，**
我不再對什麼事情都有罪惡感，
尤其是那些小事！

**身為生命的主人，**
我會學習說出「我不在乎」、「不要緊」！

**身為生命的主人，**
我不再搞砸人生。打勾勾！

**身為生命的主人，**
我想成為，說Fuck的那個女孩！

所以昨天，我決定開始寫這本日記。一股迫切、甚至控制不了的慾望，讓我拿起筆來，釋放自我。必須把所有東西都攤在紙上，讓書寫成為一種生命出口。之後，我真的好開心，我想，這類似航海日誌的點子，真是太讚啦！我可以蒐集我奔放發洩的想法（跟昨天的情形一樣），自由自在地表達自我，嘗試新經驗，摸索，尋找，同時進步，我確定我可以的！這跟宗教一樣神祕的旅程，我會給它瀟灑走一回。

## 魔鏡啊魔鏡，讓我變身 J.K.羅琳吧！

● 我挑選美美的筆記本，依自己的風格改造它。

● 我給它一個小名。

（啊，不然就取名為 《大聲說幹的女孩》 好了！）

● 我讓文字奔馳。

我寫字的時候：

● 我釐清自己的想法與情緒。

● 我會刪改。

● 我拉開距離觀察當下的問題與困難。

　　我新生的第一天，無憂、無慮、不頭痛（幾乎啦）──開始了！

## 藉口滾蛋，換我上場！

　　我開悟以後，生命又過了幾天。我冷靜下來，回到工作崗位上。我還是恭喜了我的工作搭檔（雖然真的很難開口），甚至寄了溫馨小簡訊給我朋友，因為我發現，告訴她第一個孩子出生後的夫妻離婚率好像不太體貼。

　　我知道自己是個三分鐘熱度女王（今天，我發願拯救世界；明天，我覺得這有點太勉強自己了……），但我知道，這一次，可不是個心血來潮的小任性那麼簡單。

　　這樣的啟示、需求、慾望，從今開始，日日夜夜縈繞著我。我最近迫不及待讀完了一篇文章，正跟它彼此呼應，文章談到：「五個宇宙究極幸福的祕密」。在這個由加州大學正向心理學實驗室主持人索妮亞‧柳波莫斯基帶領的、二十幾年成果結晶的研究中，幾個有關幸福的數字震撼了我：

**40%** 靠 → 自己

**50%** 的幸福由我們的「起跑基因資本」決定，
　　　 也就是天生的。

**10%** 跟外在事件
　　　 （財富、健康、陽光……）有關。

我被打臉啦。我是「諸事不順時怪罪全地球」界的女王（灰姑娘這~~蠢蛋~~把標準拉太高啦！）；牽拖唇邊，是為了找理由合理化我一次次的抱怨（我很小的時候就發現有過度敏感的特質了），也是為了怪罪我的基因（當然，最主要怪罪的，是我媽）導致我一切的缺點。現在，我發現決定權其實在我！

　　我有權決定停止沒意義的自尋煩惱。要不就喊**停**、說聲**幹**，全在**我**一念之間！

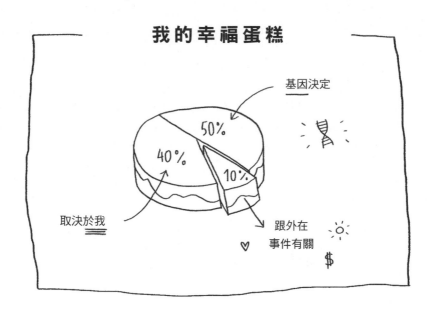

# 我的幸福蛋糕

基因決定
50%

40%

10%

取決於我

跟外在
事件有關

# 三月七日

## 開始吧（至少差不多要開始了！）

決定投身這場大冒險後，我心中湧現了1000個想法，1000個想望，1000個等我去探索的事物。

我渾——身——是——勁。只是⋯⋯明天再開始這一個人的追尋可能會比較好⋯⋯。

為什麼是明天？日記啊，我可以騙騙自己，找個理由跟你說，啊因為我認為，從明天3月8日，國際女權日的這一天開始奮鬥，更有社會意義。才不是！親愛的日記，我對你誠實（這我應該的），所以，我要跟你說，因為我超愛拖延：我不懂為什麼我要逼自己在今天做那些我明天一定做得更好的事！**＃我拖故我在**

所以啦，明天見！

## 現況大盤點：我與我的幸福指數

　　找到停止自尋煩惱的關鍵前，我必須先衡量我整體的狀況。

　　雖然我相信尊者達賴喇嘛說的：真正的幸福並不取決於人，不取決於一切外在事物，它只取決於我們自己。我看啊，還是得研究一下那不取決於我的60%的我的幸福。之前那篇〈五個宇宙究<u>極極極</u>幸福的祕密〉的研究中，另一個我注意到的重點，就是我幸福的原因有一半是基因決定的。當然，把事情算到基因頭上是有點太容易了，不過在我行動之前，還是要關心一下才行。＃懶惰鬼！如果我的基因就是要我生來自尋煩惱，我還是知道一下比較好！

---

> 我的起跑點：觀察自己的基因。

# 三月十五日

## 幸福的五十道陰影

我有個可愛又煩人的家庭，它很屬害，因為……因為……因為它的全部！

我老媽是隻大母雞。她超愛她的女兒們，我們超愛她，不過，她好像忘了喀擦一聲，切斷我們的臍帶！我們有一樣的缺點。我們互相需索的程度是一樣的，我永遠不知喊停。我有時真希望她不要針對我的衣服尺寸給那麼多（負面）意見。我媽啊，就是《六人行》裡面那個莫妮卡的媽媽，明明是要稱讚我們，但是說來說去，總是有笨手笨腳的批評讓話變得難聽：「妳要不要去擦一下我送妳的護唇膏？我給妳生了一個這麼美的笑容，妳嘴唇這麼乾，可惜了！」」# 一半稱讚一半來亂

我們這個家，女人我最大，我爸則謹言慎行，裝得跟真的一樣。我覺得他是對的。他是為了自己的安全起見！

我跟我姊瑪馨很親，她大我一歲。大家常以為我們是雙胞胎，如果不算那些根本相反的點的話啦。我沒小孩，她是兩個孩子的媽：4歲的提摩太，以及18個月大的茱麗葉。她熱愛旅行，我想到要掏出護照就怕。然而，在陰霾罩頂的日子裡，她是我的尤達大師。

家庭基本資料已就定位，我卻還是不大清楚我的基因組成。幸好，有賴行事曆，我發現這週末就是我們偉大的年度家庭聚會，地點就在那超酷的博爾默勒米莫薩城！

這是研究本人基因的天賜良機！我一直想當當看人類學家，我的幻想這不就實現了嗎？當然啦，我會偷偷進行我的研究，不會告訴他們任何一個人。

開始吧。今天早上，我會把老爸老媽的一舉一動都仔細紀錄下來。

### 9點12分

老媽起床。她跟我們說早。她擁抱我們。她坐下。她微笑。不言自明！在這個環境醒來，身邊圍繞著她的家人，這讓她很幸福。出現啦，我的幸福天賦的第一個證據⋯⋯。

### 11點11分

老爸在發牢騷，我聽見了！我親愛的小外甥剛剛用客廳的地毯擦他沾滿泥巴的雙腳。老爸有潔癖。而且慮病，這我有遺傳到。嗯⋯⋯之後再研究看看！

不滿。不爽。我開始懷疑。為什麼他為了幾塊爛泥巴就要發牢騷？這是不是一種屬於不幸福的、更根深柢固的不滿的症頭？我是不是從他那邊遺傳到我愛發牢騷的個性？

看到我外甥的反應＃胎可ㄞ惹，他笑了出來。齁！我鬆了一口氣！我剛剛可能小題大作了。

### 12點14分

週日家庭聚餐，我姊帶著她的小怪獸們遲到了。她抱怨老媽怎麼又做雞肉派。這是一道從我阿嬤傳下來的家庭料理，混合了雞肉、培根、各種香腸，有點怪怪的，但是很好吃。

我相信，我姊的牢騷比較屬於形式上的東西啦。她抱怨，她嘟囔，我們不鳥她，把她的反應當成笑話看待（她其實自己也是！）。這是屬於我們的遊戲，不是真的天生不幸福。

總之，從基因的角度觀察，我會覺得命運對待我蠻公平的。當然，我家有她的缺點，不過我爸媽教我們要常常保持樂觀，並感恩我們所擁有的。這有點像英格斯家[13] 的人……。

這單刀直入不囉嗦的人類學小研究不禁讓我思考：我自尋煩惱、鑽牛角尖的原因，不一定是我的基因。或許得深入研究一下外在事件的部分，雖然它只代表了我10%的幸福。至少，我知道了，就沒有遺憾囉！

# 四月一日

## 〔差不多〕準備好要幸福了，如果不是因為⋯⋯

我貴鬆鬆又念很久的市場行銷學位（謝謝爸，謝謝媽）至少為我留下了一個東西：

SWOT分析

這些神奇字母藏了什麼祕密？會講英文的看這裡：strength weekness opportunity threat。其他人看這邊：優勢、劣勢、機會、威脅。這是一整套的系統！

SWOT是行銷中很實用的工具，旨在衡量一個市場的潛力。我常用它來分析我的個人生活，這讓我能在某一個特定時刻為我的處境做個總結。這樣說有點冒險，不過比起在一年終了，吃耶誕火雞與國王餅[14]時才想做SWOT——那就太晚囉！早一點做還是比較值得。

現在正是時候來做我本人的SWOT分析，順便分析那10%的跟我幸福相關的外在事件！這之前，我必須先描述一下市場大環境⋯⋯。

## 大環境

說到我的童年，它的基本面還算穩定堅實：安康的家庭，這是一定的；《莎拉公主》與《大草原之家》給了我許多啟發。這大致塑造了我的個性，並讓我深深擁抱生命、擁抱真實的價值，也就是：己所不欲，勿施於人！由此可知，我們是在一個偶爾有敵意，可是又欣欣向榮的環境中長大，而重點在如何巧妙平衡一切。

## 市場要角

**艾莉絲 ，33歲（我）**，一個再「正常」不過的而立女孩。這邊我想說的是，上天分發生命禮物時，待我不薄也不厚，「正常」分發……在日常生活中，我順應著外在事件（年終獎金、折扣季等等），遊走於成長期與艱困期之間。

♥ **安端，37歲**，我有幸在他身邊找到了安穩。自從我跟他說「我願意」，已經過了四年；他跟我求婚，因為一時衝動，也因為……好幾年的情感勒索。這位跟我同睡GJÖRA（Ikea的床）的先生正直可靠。我從他的特質開始講，是因為我覺得我好像獲得了我們這個時代珍貴又帶著詛咒的寶物。我跟所有「難搞」的女人一樣，自問這一切是否缺了點激情。在之後的「威脅」這一項中，我會更細膩地聊這塊。

**瑪馨，34歲，我姊**。在之前的家庭人類學研究中，我介紹過她了。

➕👥 我在Facebook上有253個朋友，而在現實生活中，我有3個可靠的超級姊妹淘。

✴ **蘇菲**，溫柔，體貼，像太陽一樣閃閃發光（熱衷生機飲食與天然生活小撇步）。永遠滿足大家，有時甚至太忘我了。她人生就要展開新的一章，因為她即將成為媽媽！＃我不嫉妒

✴ **茱莉亞**，野心家，沉浸在工作中。我還不知道怎麼解釋她的工作（某種工程師、網路資訊之類的），不過她意志力強，做什麼成功什麼。我承認，有時她的成功讓我稍稍自慚形穢，不過這本來就是她應得的，本應如此！

✻ **夏洛特**，暱稱「瑞士刀」。她日常的挑戰跟時下不少女人一樣，是要成功協調她的個人生活（她那一群2到6歲的小野獸）以及她的職場生活（我本來要寫「她的職場與私人束縛」，因為我覺得她的人生不妨這麼總結……）。她總之是接受了挑戰，讓我有時候不禁想問她早餐都吃什麼。

## 優勢

• 我外表是沒有很吸睛啦，不太美也不太醜。有些日子我漂漂亮亮，在路上會被（當然，總是非常浪漫地）搭訕。其他的日子，我希望不要遇見那些可能認出我的親朋好友（或更糟的：遇到前男友！）。有高峰、有低谷，就跟景氣循環一樣！

• 我自認還算有幽默感，或者說能自嘲吧，這讓我在這樣的生活中——我有時覺得自己好像簽約演出了實境秀《荒野求生祕技》的女生版本呢——屹立不搖。幽默自嘲讓我面對世界的惡意。

• 我忠於友情，有不少超過三十年的朋友（尤其是那些玩Doteur Maboul桌遊[15]認識的朋友，關係長長久久！）

• 我樂於助人，搞到我自己都不懂為什麼我幫不了我自己！甚至還更糟咧，因為我超擅長給自己找麻煩。對其他人來說，我自信是個好的傾聽者，他們別太誇張的話啦：我畢竟也不是什麼慈善組織！

# 劣勢

● 在花了幾年蒐集CDD工作合約（或者說「沒什麼好處合約」）後，我終於找到我的聖杯，一份CDI[16]合約……結果我厭倦了！我是一個跨國芳香品牌的業務行銷負責人。我們產品多元：噴瓶、噴罐、噴灑器、香薰機、精油蠟燭……我們跟全世界的臭味作戰……這個使命，我剛到職的時候非常嚴肅以對，嚴肅到覺得自己是在人道組織工作呢。

　我曾相信這工作是人生難逢的良機：16歲時，我就決定要變成高級香水的調香師，不過可憐的化學成績把我拎向了另一個未來。這工作讓我能留在香水的天地之中。日子一年年流逝，工作變得愈來愈無聊。最後，我遠離了拯救世界的夢想，賣著茅坑專用芳香劑（簡直背道而馳，不是嗎）。一份缺乏深刻意義的工作。唉是說，我就要慶祝到職十周年慶了呢。＃啊不就好開心

● 我有一頭直髮。直髮是某些人的夢想，卻是我的惡夢，因為它簡直是我的人生寫照：平庸無聊，沒有高潮。我想要它很捲，想要它大波浪捲，想要它給我驚奇，甚至要忍受一撮呆毛也沒關係！

● 我們還沒有小孩。我把這點偷偷歸為劣勢，但我其實不這樣看。這只是目前的一個計畫。但社會給我們壓力：如果三十歲了還沒有寶寶，那一定哪裡不對勁。我們從婚宴那天開始就被問了：「那個，哪時候生個寶寶？」好像我們才剛勾選「生孩子」這個選項，就必須速速達陣似的。

● 最後，最令人頭痛的一點是，我是一個膽小鬼。一個貨真價實、如假包換的膽、小、鬼。我害怕改變，害怕一切讓我遠離生活常軌的事物，害怕到很變態的地步。每次《庄腳人只要真愛》[17] 進入新的一季，我都要一個月才能習慣新的真愛候選人、忘掉上一季的。這解釋了為什麼我的夢想與慾望至今都只在腦中打轉。

## 機會

我三十幾歲，還有時間去完成厲害的事（希望如此……）。我不會說自己野心勃勃，但我有好些渴望！好比說，我畫畫（畫得還不錯呢）。我東畫西畫，創造了一個主題是三十歲女孩的冒險的小漫畫（包括歡樂、痛苦……）。

## 威脅

● 我的感情相當穩定，有時候這反而讓我怕怕的。太能預期，缺乏激情。幾天前，我掙扎著尋找聊天話題。滿懷壓力與焦慮，我假裝關心他的興趣：籃球。我看他根本渾然不覺我很努力。為了讓感情重回蜜月期，我當然很辛苦囉，但我一直嘗試。上星期我還瘋瘋地邀他去《白牙》的首映會（票是我同事送我的），結果碰了好一鼻子灰。他好像拒絕得太不假思索了吧？

● **我** 。我是我最壞的敵人。或不如說，我最棒的敵人，就好像茱莉亞・羅勃茲與蘇珊・莎蘭登主演的電影片名，只差在我演的這部，主題是我跟我自己。為什麼我是我自己最棒的敵人呢？因為我一點都不放過自己。我就是要逼死自己。真的，我一整個人

就是煩惱的源頭啊！為了保持平衡，當我搞定一樁煩惱，我就補上另一樁。

好，背景的分析我覺得差不多了。是有陰影與威脅，不過沒什麼外在的悲劇或躲不開的命運。然後，我還是能一樣一樣列出不少自己能在日常生活中依賴的優勢，以及一些值得把握的機會！至於弱點與威脅，我只差把它們整理成表格，然後轉化成正能量！

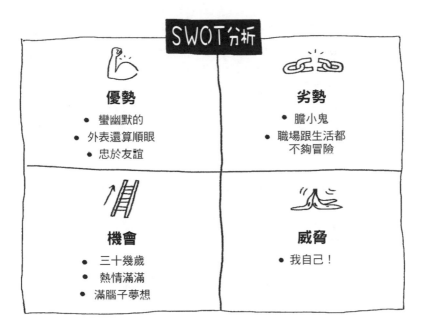

→ 我為當下情況做一個小盤點。

　　→ 我畫表格：優勢、劣勢、機會、威脅。

→ 這個診斷讓我能旁觀者清，獲得客觀角度，妥善看待情勢。

## 然後咧？我找朋友幫忙……感謝讓一皮耶！

啊然後咧？我向來不是個數學達人，除了折扣季的時候，我會渾身發光，精算那打到骨折的折扣（這條Levi's牛仔褲，嗯，打了七折又打三折……）如果我真的基因不錯（當然一定不完美，每個家庭有自己的問題嘛），外在事件的影響也還OK，照理說我應該心理超級正向又健康。

啊所以……**為、什、麼**？為什麼我會有「腦中這愚蠢的小聲音」，跟丹·哈里斯傳神的形容一樣。這位紐約來的記者先生主持的節目在美國超級受歡迎的，我是在我婦產科候診間扔著的一本2015年的雜誌上邂逅他的。跟奧勃利掉進高盧巫師的大釜一樣，他「掉進」自我成長的學問中；他尤其熱情鑽研的，是冥想的藝術。他不是天生吃這行飯的人，最後竟然出了一本暢銷書：《快樂，多10%就足夠》，暢談他的法門。

我呢，一直有種感覺：不管我走到哪裡，我永遠戴著一副手銬腳鐐。身為慮病患者，我當然跑去做各種身體檢查，私心希望他們幫我找到病因。但是不。我健康得要命！甚至還能在甩臀舞大賽中單挑碧昂絲咧。

然後，我被建議去做心理諮商，但老實說，我沒有很想去。我知道對很多人來說，心理諮商非常有效，不過要跟一個陌生人暢談自己的人生，我還是會謹慎一點。而且，去，就為了聽他們說什麼？說我「過度燃燒」，或說我「過度無聊」。對啦，對啦，我知道啦！我過度……過度失控。

我青春期的時候，有一陣子過得不太開心。我媽就建議我想一想，親友中有沒有我覺得值得信賴的人，去找他聊一聊我的煩

惱。我蠻佩服她的：她沒有因為女兒不信任她而失望，反而有她的智慧去鼓勵我找別人談。當時，她這招還蠻有效的！

所以，我決定把老媽的珍貴建議重新挖出來。

## 我為生活中，
## 我的生命教練列一份名單

**- 我阿嬤：**
世代差異讓我能客觀看待我的煩惱。

**- 我的髮型設計師：**
我可以掏心掏肺，跟她聊好幾小時，
她必須專業地為我保密（嗯，應該吧……）。

**- 我：**
我站到鏡子前面，坦誠自己的疑難。
然後，我發現，我心靈的深處，往往早有了答案。
我必須學習更信任自己，學習聆聽自己，
學習跟著直覺走，因為直覺往往不會錯。

## 誰來幫我打一一九……總之差不多了

　　我決定去找這位我從小就尊敬、仰慕的女性談一談：我阿嬤 。
她聰明，她是一大家子的母親，親切可愛、勇敢果決，她是堅忍
不拔的老婆，她永遠傾聽他人。

> 嗚嗚阿嬤
> 我痛痛

　　我向她訴說我的苦惱、壓力、心中的猶豫。她聆聽我、鼓勵
我，幫忙我理清思路。最後，我漸漸感覺到，她無法理解，她無
能為力，她驚訝困惑。我面對的，是一位活過戰爭年代，當時的
騷亂從此永駐心中的女人——不確定丈夫是否還回得來、生命（
真實的）殘酷，以及真正的經濟困頓。我呢，則對她大講特講我
微不足道的苦惱。我跟她細說從頭，如果我想要孩子，我們兩個
就都要有穩定的工作，有最低限度的收入讓我們買一間夠大的公
寓、裝一套適合的保全系統，以及最重要的，能借到分期十年的
貸款去入手一臺時下最夯的**嬰兒車**，啊，真的是必買！她跟我
說，我老爸出生的時候，她跟我阿公都還只是學生，我老爸跟他
其中一個兄弟都睡走廊，大家還不是怡然自得。我盡力想讓她了
解，如今時代變了，我們活在前所未有的不安全感中……忽然，
一瞬間，我聽到自己內心的聲音。我這些疑難雜症，不就是一個
<u>任性小女孩</u>的問題嗎？而我親愛的阿嬤從不讓我作如是想，她仍
然認真看待我訴說的一切。

　　結束了對談，我還沒有真正的解答，卻已有了信念：必須動起
來的，是**我**。坐而言不如起而行，得振作起來。必須為一切重新

賦予意義。Fuck it！我會接手負責、好好追求這取決於我的40%的幸福。

　　至於我親愛的阿嬤，在這狂野追尋最憂鬱的時刻中，她是靈感，永遠啟發著我。

## 開始吧！

為了有個好的開始，我入手了許多心理分析與自我成長的雜誌……好啦，我承認，還有一兩本《時人》雜誌！因為我確定，蕾哈娜在放鬆不執著這方面一定能教我一些祕訣。就這樣！

有個標題特別吸引人：「算一算你的煩惱率！」我覺得這會是個好起點，迫不及待要做做這個測驗。這測驗應該能夠讓我浪費在花式煩惱與各種想太多的時間無所遁形……。

當然，我答應自己，艾莉絲，妳必須完全誠實，如此才能有最接近現實的結果。內容摘錄如下：

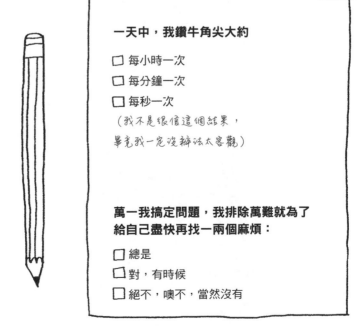

**一天中，我鑽牛角尖大約**

☐ 每小時一次
☐ 每分鐘一次
☐ 每秒一次
（我不是很信這個結果，
畢竟我一定沒辦法太客觀）

**萬一我搞定問題，我排除萬難就為了
給自己盡快再找一兩個麻煩：**

☐ 總是
☐ 對，有時候
☐ 絕不，噢不，當然沒有

結果揭曉的時候，我跟參加高中畢業會考的人一樣焦慮。成績無可抵賴：我屬於「煩惱太多」的那型。旁邊還有生動的說明文字，幫助我接受、處理、放下這個苦果：「妥當看待困難與挫折的能力對你來說就像外星人，你聽說過但沒遇見過！」

　　幸好隧道的盡頭，是光（好像是一句中文俗語吧？我不太清楚）。我得到了遵守5－5法則的建議：如果我這個時候的煩惱在五年後不再重要，我現在就別花超過五分鐘煩惱它！

　　我有了第一個水晶球般的珍貴收穫！

RELATIVISE, ALICE!

# 四月二十八日

## OTA：初次聚會

　　我愈想愈覺得皮卡醫生或許是對的。說到底，這位先生是醫師，他該清楚自己說的話的意思……希望啦，總之！為了我這一次的冒險旅程（就只為了它，我先說清楚），我決定去探索一下皮卡醫生的「想太多先生小姐」匿名團體：OTA。我不覺得收穫會很多，不過畢竟我跟自己保證過要做到好、做到滿，我決定去那晃晃。

　　聚會規則倒不會太拘束：可以想去就去，不必事先告知，永遠保持匿名。我覺得自己是個任務在身的雙面諜。太刺激啦！

　　瞄了眼皮卡醫生親切遞給我的小冊子，我發現晚上就有一場聚會。我怕猶豫不決會讓自己又龜縮了，於是牙一咬：好，姊姊我晚上就去。但，這之前，我倒必須回答一個關鍵問題：我要穿什麼？

　　為了符合我間諜的身份，我想說穿件風衣不賴，但我怕這樣大家會懷疑我。我必須裝成匿名想太多先生小姐的其中一位，混入人群中……但誰是他們？我們聚在一起的唯一理由就是我們都喜歡自尋煩惱。所以啦，我選擇了某種「複雜」又（太）「想太多」的穿搭，跟那種穿著球鞋牛仔褲，酷酷到場的隨性鄰家女孩剛好相反。這樣的穿搭洋溢著矛盾風情，克莉思汀娜・珂督拉[18]看到保證崩潰：本格派的絲襪搭配筆芯黑的裙子，襯以上半身印有七彩標語我無法，我家有獨角獸[19]的荒唐運動棉 T。大家會怎麼想？第一，我沒品味，第二，我內心有太多小劇場。我另外也希望他們別歸類我為躁鬱症……。

　　最後，我到了聚會現場，發現大家根本沒注意我這麼精算過的

穿搭。我的第一印象跟我之前想像的差不多，反正跟我看過的匿名戒酒會的聚會一樣。一個應該是跟區公所借的、有點淒涼的房間，學校那種課桌椅擺成一圈，還有紀念日才有的那種自助點心，交錯著甜甜圈與一杯杯的咖啡。我簡直不小心走到影集裡面了！

來了十幾個人。男女都有，讓我蠻驚訝的。我以為煩惱是女人心事，看來男仕們也是心有千千結！

我剛坐下，才跟鄰座交換了有點禮貌又有點尷尬的微笑，一個嚇死人的儀式就開始了。與會者輪流起立，大聲喊出一句斬釘截鐵的話，然後重新就座。

「我小孩不愛我，我覺得我也不愛他。」

「我會孤單終老。」

「我吃了炸的東西。」

「我們全都會死。」

「我老闆不再注意我。」

「從……從1998年的世足賽後，我們就沒上過床了。」

「我永遠不應該跟他老實說的。我好後悔。」

史諦芬，應該就是這場聚會的主持人吧，他轉向我。

「抱歉，艾琳，我沒盡到我的責任，沒有跟妳解釋聚會怎麼進行。每個人要對他這一個禮拜啊，最大的擔憂、最苦惱的事情開火。」

我當然沒用真名與會，才沒那麼傻咧！壓力之下，我神來一筆，講了個類似「辣妹合唱團強勢回歸」風格的東西。我感覺應該是對的：其他人好像有點失望。

　　接著，大家輪流發言，講述他們怎麼嘗試克服本週的焦慮，怎麼從他們負能量的惡性循環中解套。我試著從中學習。例如亞斯敏，一位渾身散發焦慮味的年輕媽媽分享道，她覺得她的寶寶不愛她，所以她也很難去愛他（為了證明她是對的，她還說她的寶寶超醜的，更傳閱了幾張兒子的醜照）。她提到之前的聚會介紹到的一種有能力把她拉出這個負面思考惡性循環的工具：<u>願景板</u>。

　　我還沒發問呢，史諦芬看我一臉不知所措，就為我快速解釋了它的意義與用途：

　　「這是一幅願景的『畫面』，也就是一塊板子，你在上面貼滿所有能給你啟發、激勵、幸福感，或所有瞄一眼就能給你正向磁場的事物。當你多看、多讀幾次你的願景板，你就能開展正向思考，大腦將快速內化這樣的思考模式並重新自我組織。很神奇，對吧？」

　　這塊願景板，連歐普拉都為之瘋狂！史諦芬跟我說，他們在願景板上新增了一個「Fuck it！」小角落，每個人都要貼上

自己的真言，像說「我不在乎」、「是說……也沒差」……我馬上就想問亞斯敏，她讓自己能夠客觀看事情的真言是不是「是說我寶寶很醜也沒差」？她是不是在旁邊貼滿長得醜的大人物的玉照？幸好我為人細膩，對狀況的判斷也算仔細，我感覺這不是展現幽默的時機。還好，在我這第一次的聚會，沒人要我發言。當然也可能啦，是我那辣妹合唱團式的發言讓他們失望透頂……。

我帶著作業（是的，是那塊Fuck it願景板）離開，還從此有了一位教母！一位第一眼感覺相當優雅的四十歲女子，六〇年代反戰嬉皮風，不過我看比較是希望破滅的希，精神疲勞的疲啦，否則她怎麼會在這裡。她簡短地自我介紹，跟我保證，如果我想找人聊聊或有什麼要緊事，她永遠歡迎我。我打算讓氣氛輕鬆起來，但我的幽默感再度來到了崩潰邊緣：

「讚讚讚！下次我又在衣櫃前面苦惱四個小時，不知道要穿什麼才搭得上我的吊帶褲的時候，我call妳！」

老實說，對這第一次的聚會，我不知作何感想……我會再給他們一次機會，再參加一次，看看還有什麼好康的。畢竟啊，如果這跟影集演的一樣，我可不會看第一集就決定繼續追劇！而且，我要試試他們的願景板，如果那真的有幫到亞斯敏，讓她能忍受她的醜baby……。

# 創作屬於我的Fuck It小板

我投入DIY手作工房，創作一塊包含Fuck it！
真言的願景板

我選擇……

### 我的真言
你不必完美就已令人驚豔。

### 我不完美的女英雄
西蒙·波娃、艾米·舒默、《荒野女醫情》
裡的珍·西摩兒、莉娜·丹恩、可可·香奈兒

### 我的幸福小物

我的仙人掌寶寶（就是
他！讓我創意爆發）

### 我的人生目標
一棟加州海岸的透天厝，在
那邊我可以畫畫一整天

### 一個激勵我的科學實證
當我抱怨時會造成
皮質醇（壓力荷爾蒙）分泌
⇒ 免疫系統崩壞

⇒ 心血管疾病風險提升
⇒（膽固醇過高、糖尿病、過胖……）

### 我的一語入魂
「我沒差」
「沒關係」……

我拿起剪刀，以及我最最漂亮的紙膠帶……開工吧！
每看一眼我的板子，我都深受啟發，從來沒有這麼**積極有勁**過！

# 五月五日

## 這些，全都在腦子裡嗎？

今天，我在Instagram上看到大家在分享這金句（炫砲的人都說「金句」，這個詞比讓人瞬間想起隨便一位女居士、女上師用來開示星座的「箴言」來得性感）。這句話在部落格社群瘋傳，我倒也很喜歡。我承認，這個金句顛覆了我的認知（簡直跟「笑到絕頂昇天網」上面那些瘋狂對話有得比）。

《 正向思考的心態不只能讓你想像出你想成為怎樣的人，
更幫助你成為他。 》
——沃利・阿莫斯

我小心翼翼將它剪下來，釘在我的Fuck it板子上。我像蒐集呈堂證供一樣收藏它，因為它在我心中不斷回盪，產生了一連串的疑問：是不是**所有**的事情都只在腦海發生（當然絕對有點這樣沒錯，畢竟**念頭**就是從腦子來的）？我們擁有的、面對的、煩惱的一切，會不會到最後，就只跟感知、跟心理有關？

我心有千千波瀾地開始上網找資料……用GOOGLE（對，好啦，還好吧，不要罵我）！我沒有愛莉思・呂樹[20] 那樣的勇氣與好勝心去調查一件事。不過，我還是拿出了點毅力，才找到喬納譚・雷曼[21]，一個拋下一切、專注於另類財富的前金童交易員所做的一個有趣研究：內在財富，即心靈的財富。

在題為「幸福小小抄」的演講中，他闡釋道：「每個人都有改變精神與情感狀態的能力，即使這好像很難」。他更提到，心理素質像肌肉一樣，是可以訓練的！我，曾是個小胖妹，怕死了體育課，不管要訓練什麼鬼我想到就發抖。我，一個尋找生命中如

花盛放的時刻的大人，我安心了！

　　我不是生來就注定是負面思考的奴隸，我可以改變負面思考。哈哈！現在，誰才是頭家？我覺得自己就像在《蘭塔島》這個荒野求生節目中，第一天就成功升火那樣開心！嗯，不過現在咧？要怎樣改變我的精神狀態呢，喬喬？（花了好幾小時讀他的文字後，我斗膽直接叫他名字，同時希望他不要因為我跟他裝熟而討厭我）。

　　欸好！就是這點有趣：喬納譚給了我們一把鑰匙，邀請我們清空心靈垃圾桶。我一向逃避這個打掃任務，不過我要說，喬描繪的願景強烈吸引我。我繼續查找資料，看到了俄亥俄大學教授理查・佩帝的研究。他論證了以下這點：我們在紙上寫下的筆記與思考，它們的重要性取決於我們對待這張紙的方式。在紙上塗塗寫寫，排列、分類我們的負向思考後，為了讓它們一點一點消失在我們的心靈中，只要「物理性地毀滅它們」，也就是扔了這張紙，就可以了。透過賦予抽象的東西一個物質面的現實感，我們能更乾脆地擺脫他們。相反地，我們最好讓正向思考長駐身邊！

　　來吧，我要開始這一場大冒險了。每天晚上，我要寫下出現在腦海裡的一切！

# 我清空我的心靈垃圾桶

我畫出兩欄：我蒐集並保存在身邊的正向思考，以及我要扔得
遠——遠——遠——的負向思考！

**＋**

我的生命終於有了意義：
我愛到爆炸的插畫家
瑪戈·魔丹今早回了我推特！
我（終於）覺得自己在職場
被肯定了。我老闆的老闆
親切地用我的名字叫我。

**－**

我好怕會走投無路！因為啊，
我敗了全新的瑞典品牌組合櫃
（我根本沒有這個需求，
更沒有空間擺放），
恐怕會因此連續透支三年。
我永遠懷不了孕！而且，
我剛剛才曉得，因為我沒有
小朋友，今年夏天的休假申請我就
沒有優先權了。
＃無苦不成雙

清掃完我的心靈，我覺得輕鬆多了！

# 五月十日

## 第一動：放下執著入門

　　我蠻為自己驕傲的。我相信我已經完成了第一次放下執著的體驗。

　　說來有趣，我活了三十幾歲都感受不太到這區區四個字的威力，忽然，每條大街小巷，每個人的嘴裡，見面第一句話，就是放下執著（以及私處保養）！本週，至少三個人請我放下執著。首先是我的婦產科醫生：

　　「小姐啊，妳想懷孕的話，就得學會放下執著。」

　　我等她給我寫處方，深信她會給我開些藥吃，結果沒有！顯然，解決問題的責任在我！謝謝囉！我離開診間，被醫生搶了60歐元，答案啊答案，還在茫茫的風中。

　　本週第二個建議我放下執著的人是我姊姊。我跟她分享我當時最大的、在腦海裡循環播放的煩憂：我要不要買那件Monoprix賣場牌的超美洋裝？它剩下S號，可是我穿M。我試著跟她強調，在我看來，入手這件尺寸過小的洋裝，一定比不買來得好。但她根本連關心都懶得假裝，只回了句：

　　「妳啊，偶爾都不會想稍微放下執著嗎？」

　　最後，是我們寧願假裝沒看到，日常生活中卻不請自來的、小小的暗示。在此說分明。我最愛的電視節目跟很多法國人一樣，是《未知大地的約會》（主持人是神祕的佛德喜克·羅培茲）。每一集，我笑，我流淚，我看到在那邊歡。最後一集，佛德喜克對著攝影機，向我們這些觀眾喊話：「哈囉，我們的『放下執著小

隊長』在哪裡？」我認為他是在說我。佛德喜克一定是在說我，一定是！

因此，為了確定自己真的明白為什麼我的婦產科醫生、我姊及佛德喜克都要我放下執著，我做了小六以來我就再也沒做過的事：揹Eastpack的背包。好啦，開玩笑的……我打開了字典！對，我家有一本字典！不太是為了它原本的用途，其實，是因為它美美的。我熱愛它復古的情調。古早味的東西常能給我安全感，它們感覺能像錨一樣穩住我的心。喔，話說回來，我也認為，我們這個時代啊，法語日漸貧瘠（感恩《北部佬在米諾科斯》實境秀貢獻一臂之力），字典有朝一日想必會成為稀世珍寶，到時我就可以把我這本貴鬆鬆地賣出去（是的，我沒瘋）！

我於是去查「放下執著」。啊，在這，藏在「撕破」跟「簡潔的」中間。放下執著：對那些堅持過、掙扎過的事物放手。好吧！所以換句話說，讓它們自然變化發展！原來啊，感覺還算簡單，沒有像大家似乎不約而同給我的感覺那樣神祕。

正是在戰場，也就是職場上，我有了第一次放下執著的體驗。

現在時間：傍晚6點34分。我通常會在臉書、Instagram、推特，然後推特、Instagram、臉書上晃一圈，然後差不多6點15的時候悄悄走人。這個晚上，我沒辦法「落跑比機靈」（我超愛這個講法，不知為何，我老是想像自己穿著比基尼跑路）。我「只要」等我老闆確認一封準備要發出去的電子郵件，就能閃人。

我透過她辦公室的玻璃，遠遠望著她。她講電話講30分鐘了，我還期待她這通電話很快就會結束。時間分秒流逝，我

愈來愈不爽。6點42分了,我驚見她對著電話咯咯笑,像是故意挑釁我。我內在的小聲音對她真是好不溫柔哇:「掛掉啊,蠢妹」、「兩分鐘內妳不掛,老娘拿起電話線,待會掛的就是妳」、「妳浪費老娘的生命浪費爽了沒!」我是有點誇張沒錯,不過我之前就跟蘇菲約要出來見面,我不想為了比鼻屎還小的事錯過我的姊妹聚會。她搞砸的不只是我美好的夜晚,還有我朋友的!

我在空前暴烈的負面情緒洪流中站都站不住腳!什麼嚴重的話,「我想去死」之類的,在我漸漸失去控制的情緒之中亂竄。

我決定讓蘇菲曉得我現在就是個悲劇女主角,了解我們這邊發生了綁架案,老闆把我這人質五花大綁在辦公桌前。我傳了封簡訊給她,跟她嘩啦啦傾倒所有細節:我老闆奸詐狡猾,我精神狀態愈來愈不穩定,我為了吸引老闆注意,每隔一段時間就輕踢垃圾桶,我故意一陣陣地咳嗽……總之就是,所有我表達不滿的手段都傾巢而出了。

蘇菲沒同情我,也沒跟我一起訐譙老闆,倒是反問我一個問題,我馬上茫然了:「妳一個人在那邊火大多久了?除了浪費時間生氣,妳沒有其他更有建設性的事情能做嗎?」我第一時間的反應是:「噢!隨便妳,裝什麼心海羅盤!」不過,接著我緩緩告訴自己,蘇菲可能才是對的。與其瘋狂想吸引老闆注意(成效其實沒很有說服力),我可以利用這段時間完成好多事情:整理我那75423封電子郵件、閱讀國際新聞、為去年夏天寫給姨婆蘇珊的明信片貼上郵票(她應該不會發現這個時間差吧)……說到底,蠻多小事情可以做的,能讓我的待辦清單減減肥,也鬆一鬆我的心情。

然後,該來的就會來!當我放下執著,也就是消滅對當下的

控制慾，困境竟然魔法般地解決了。我終於收到等了54分鐘的
「寄！」，還有還有，老闆甚至跟我說抱歉！還有什麼，來，都
來。

　　這個放下執著的初體驗充滿了各種豐富的情緒。我有資格為自
己感到驕傲，相信下一次，面對類似的困境，我會處理得更冷
靜。我跟蘇菲見了面，還跟她說，換了想法的我，真的感覺超
棒！

→給自己的小記錄：處在老闆道歉引發的情緒波濤中（我受——
寵——若——驚），我後來才發現其實當天晚上，我根本沒把信
寄出去。＃笑倒

49

# 五月十日

## 第二動：我不再一直跟自己說我很沒用

所以，我時間還夠赴蘇菲晚上的約，而這就是最重要的。

另一個我往放下執著大步邁進的證據，是我根本連她要帶我去哪都不知道，她只跟我提過會是一個驚喜（至於莫希托雞尾酒……她點無酒精的版本，當然啦）！幾杯雞尾酒下肚，她宣布：我們要去一個號稱「個發女教皇」的美國作家的演講（幾小時後我才了解，「個發」是「個人發展」，不是「科技法律」，崩潰！）雖然我喝了不少，我對這行程還是沒很有興趣。

我明明準備好要扔給她我精心挑選的、最讚的3個推辭藉口，但不知為何，我嘴巴不知不覺竟然就說出了「好啊，走，咱來去！」 #算了人只活一次

這就是為什麼我會在某個週二晚上（其實我討厭週二出門）出現在一個我甚至連主講人都不認識的演講會場。主講人的粉絲包圍她，熱烈歡迎她，搞得跟火星人布魯諾閃亮登臺一模一樣啊！

我想跟蘇菲一起笑她，結果根本沒用；因為，蘇菲她根本就是這群粉絲後援會的會長！我就無奈啦，只好試著接受。很有趣，那是最好；最糟最糟，至少這場演講能給我才剛起頭的旅程一點啟發！

我們正舒舒服服地坐下，個發女教皇就叫我們站起來。我當然就碎碎念啦，因為我這樣就必須找個地方放我的包包，我討厭包包跟地面接觸……總之我站起來了！她接著邀請我們做一個類似拳擊有氧的動作，對著空氣揮拳。我瞪著其他人，驚訝地瞪圓眼睛，捫心自問我到底在這幹嘛，我明明可以爽爽窩在沙發中，看那重播不知道第幾千遍的《侏羅紀公園3》。大家有點不好意

思地照著做——此時，女教皇請我們高喊口號：「我能幹。我超強。」

一開始，我輕輕對嘴（才沒那麼蠢咧我），不過，看到不只一個人很投入，我開始提高音調。幾分鐘後，我身在第一排，**蹦蹦跳跳地大吼**：

「我能幹。我超強。」

練習結束的時候，我回到現實中。我還想要繼續！我想邀所有人跟我一起繼續，因為當時，我真的必須要講，我、覺、得、自、己、能、幹、又、超、強！

之後，我朋友對我解說，這是一個積極冥想的練習，也叫Intensati。Intensati將瑜珈、舞蹈及武術的動作與正向思考和信念結合起來，為了能自在從容，更為了讓自信心大爆發！我朋友啊，她每天早晨都用它開啟美好的一天！

從那時起，我腦中就縈繞著Intensati：如果重複正向事物就能獲得這麼多好處，我很難想像，像我這樣一直重複負面思考，傷害有多大。如果每天我都用一杯咖啡配我那堆負面的陳腔濫調開啟美好的一天，我根本不可能自在從容！所以，我決定打造一個專屬自己的Intensati儀式！

# 我的Fuck It儀式

- 為自己擺出「能量姿勢」，

  也就是神力女超人的姿勢：我抬起下巴，扠起腰，驕傲挺胸，腳掌外開（這個也蠻有用的：穿上20公分的高跟鞋）……。

- 一醒來，我就重複朗誦 Fuck it金句：

  我不在乎。
  沒有關係。
  我不在乎。
  沒有關係。
  我不在乎。
  沒有關係。

  呦呼！換我上場！

# 五月十五日

## 第二次OTA聚會：解碼你的壞習慣

為了不要什麼都不知道就迷迷糊糊過一生，我決定順從渴望，前往第二次OTA聚會！其實啊，我在走廊猶豫了10分鐘，跟自己說「我去」、「我不去」、「走啊，Fuck，去就去」。因為這樣，我遲到了，必須馬上跟好進度……也必須接受史諦芬譴責的眼神。我偷偷溜進去，悄悄坐下來。

幸好，他花了點時間解說這次聚會的主題，我沒錯過太多。他感覺想激起我們的好奇心！不過，這反而讓我緊張。而且這只是開始！

他發給每人一張紙，我們要老老實實作答。這是我寫的：

**一、早上起床時，你會去拿……**

我的手機！

**二、早上起床時，你的心情是？**

我沒真的思考過這個問題。我起床了，就這樣，完畢！

**三、你中午用餐時間怎麼吃？**

為了不浪費時間，我坐在電腦前嗑我的午餐！

**四、關於對抗壓力，你怎麼看？**

說真的，我沒有任何想法，我常常遇到一點小事就放任自己崩潰亂來！

**五、你是「我只剩半杯水」或「我還有半杯水」的哪一種？**

看情況。我努力保持樂觀天性，但不是每分每秒都容易！

**六、你拒不拒絕得了親友或同事的請求？**

不！我喜歡滿足我身邊的人！

**七、一天之中，你會跟陌生人聊天嗎？**

非必要就不會！

**八、你晚上都做什麼？**

好好看個影集，常常看到一半睡著。最近開始，我有了新的小儀式：蒐集我一整天的正面與負面思考，然後清空我的心靈垃圾桶。

謎之音：我想讓史諦芬留下好印象……。

**九、從1到10分，你給自己的生命健康指數打幾分？**

6分。當然不完美，不過還算ＯＫ了……吧？

　　我把作答完畢的問卷還給史諦芬，信心滿滿。模範生症候群是我揮之不去的症頭（我至少都要在全班平均以上）！他瞥了我的問卷一眼……笑了。我也笑了。總之，我們都笑了……（但不知道為什麼要笑！）收回並瀏覽全體問卷後，他喊道：

　　「好，親愛的小寶貝們，情勢並不樂觀！」

　　我期待他提到有個例外，而他所謂的例外就是我的卷子，但沒有！我們全都一樣糟！全都像他說的，是「被日常生活的壞習慣綁架的人質」。

　　就像針對壞學生那樣，他給我們額外的回家作業。一整天，我們要完成一張解碼壞習慣、構思解決方法的導航路線圖。就只有這個！真是不湊巧啊，我才剛開始追第七季的《冰與火之歌：權力遊戲》呢，我完全有預感，史諦芬的「生命健康指數」這個概念，跟連續追五、六集劇的這個動作無法共存共榮。

　　我走投無路，退無可退……。

# 五月十七日

## 趕跑壞習慣

至少，史諦芬的測驗讓我能夠發現我的人生是在哪裡故障的。我會把它們一一紀錄在導航路線圖中，試著思考怎麼改進對我最好。一整套全新的，小小的儀式。史諦芬認為答案要從我們自己身上得來，叫他給我們現成的解決辦法，這是想都別想！只有自己確實思考過，才能讓我們自己選的、讓生命變簡單的習慣真正落實！

────── **艾莉絲的導航路線圖－5月17日** ──────

 **7點30分**

**我做的事：**我手機鬧鐘響了，響得很大聲，是《冰雪奇緣》的超級洗腦歌詞：「隨它去，隨它去……」，撫慰我的心靈。睜開一隻眼，聽見手機響，我藉機滑滑臉書跟Instagram，看看我有沒有錯過什麼頭條大事（好比男團One Direction重新合體強勢回歸，或其他一切改變世界面貌的消息）。

**我該做的事：**留給自己，當然也留給老公幾分鐘。他應該比我的iPhone先被我親親抱抱。

**8點12分**

**我做的事：**我已經遲到了，所以我抓著瑞士巧克力捲和一杯咖啡衝進地鐵。

**我該做的事：**對，我知道這有點病態，但我無法容忍自己遲到。這意味著，我可以把鬧鐘提前30分鐘，避免一大早就在那邊緊張得要命，也給自己一頓真正的早餐。

吱吱　**9點34分**　喳喳

**我做的事：**我到了辦公室，衝向咖啡機，先花個好幾分鐘講八卦、聊是非。

**我該做的事：**我知道這種碎嘴是在浪費時間，但這是我早晨的小確幸！另外，為了讓我不要在茶水間摸來摸去的時候，心中漸漸滋生焦慮與壓力，我可以先回個兩三封電子郵件，減肥一下待辦事項，給自己一個名正言順的休息。

### 11點22分

**我做的事：**壓力達到巔峰。我永遠無法準時交出公文。結果，我壓力愈大，腦袋愈混亂！

**我該做的事：**我不太清楚耶……深呼吸？啊！當我被壓力的洪流滅頂，我只能說：說的比做的好聽！

### 12點30分

**我做的事：**我在電腦前嗑掉午餐。這是權宜之計，不過就這樣吧。這能增加我的效率！

**我該做的事：**老實說，我沒想法了。幸好史諦芬說，我們可以互相幫忙，交換各自的小偏方。所以，我跑去找我的教母。她是科學家嘛，就給我參考了許多戶外散步對推進思考有益的研究。散步同時也是她澄清思緒的方法。用她的話來說，就是：雙贏。因此，她堅持我該休息一下，外面走走，讓士氣大爆發！

### 下午4點12分 ♥

**我做的事：**我給自己一段迷你榮譽假，然後在「社交」軟體上這滑滑、那滑滑。

**我該做的事：**也許我能讓這段休息時間更「社交」一點。我有同事告訴我，她讀到一篇文章說，只要每天給親友一個稱讚，就能提升他的幸福程度。我要來去試試，跟賈克琳說她那對比風格的穿搭真是讚，她會爽到沒辦法恢復正常！

### 晚間7點14分

**我做的事：**噢，我甜蜜的小窩！我回家，倒進沙發裡好幾分鐘……然後拿出手機開始放鬆。

**我該做的事：**當安端也在，我看見我們兩個全都在滑手機，我跟自己說，我們簡直是又俗又笨的呆到不行的兩個蠢貨。我們恐怕必須制定一些規則，好比規定一小時內，手機要收在抽屜裡，享受親密又融洽的時刻，閒聊、交換意見，真正活在當下……。

### 👁 晚間10點53分 ⌒

**我做的事：**我們看個小影集，然後睡搞搞。

**我該做的事：**我朋友蘇菲已經跟我說過，要有恢復力強的睡眠，就必須在睡前至少半小時就遠離螢幕，但我得說，這很難。我的影集是我晚上的放鬆時光！不過，我可以避免一次追兩三集，有時甚至可以閱讀幾頁雜誌或者書。

很有趣，我發現我已經有了大部分的解答。藉由向自己提問，我很容易就找出了我的壞習慣。最難的還是在於如何對抗他們、將好的思考付諸行動。史諦芬在介紹這個小練習時跟我們說明，目標不在於增加約束，正好相反，而是要讓人生變得簡簡單單，讓我們從容自在！

換我上場了！

壞習慣

## 要嘛現在要嘛永不：「想要馬上全部擁有」世代

　　不過，這一次，我非常確定，我深深相信自己，比上個月還相信。我在一個論壇上讀到，當這件事翩然蒞臨，我們會有預感。現在，真的，我感覺到了。好像是其他東西……所以這個月，我不會懷孕（不能將她從我的待辦清單拿掉）。

　　深深的失望盤據了我。我不能再忍受它了，這該死的月經。我希望它從現在開始消失九個月。偏偏從12歲半開始，我一向迫不及待等候它。最近這二十多年來，它的規律與忠實讓我安心，像一個事事順利的預兆，代表我的女人生涯走在對的路上。現在不是了。我不顧一切地希望它缺席，這樣才能宣布一個新階段來了，一個新的大時代……新的「大」……用「大姨媽」的「大」，換「大肚子」的「大」，好比說（萬一我去參加《數字與字母》電視競賽，這樣就得分了）。

　　現在全都毀啦，大姨媽準時報到。連晚一分鐘再來，讓我有點幻想的空間都不願意！我很清楚，我不能再上這些論壇自欺欺人了。上面多的是一堆蠢話。現在呢，我絕望地尋找那些讓我相信這一次一定成功的徵兆。我都已經感覺到我的胸部變成三倍大，更不用說我情緒開始不穩定、我撞見蔬菜鹹派的那種噁心，以及清晨3點鐘想吃墨西哥捲餅的慾望。

　　我已經堂而皇之使用地鐵博愛座，我覷覦著哺乳用的胸罩，我重新整理了我的書架（《6個月到1歲決定一生》以及《給傻瓜的懷孕寶典》）還有視聽媒體櫃。喔對了，因為太激動又太緊張，我DVD封面看太快了，結果買成阿德里安‧萊恩的《愛

你9週半》，我本來要買的是派崔克‧布郝岱的《身懷六甲9個月》！

我曉得，像這樣的計畫，我應該冷靜放鬆才有可能成功，但我一點耐性都沒有！我們（只）花了好幾個月嘗試，但我一開始相信的是，我們一發就會成功。好幾年來，我朋友一直跟我炫耀，她們「第一炮就懷孕」、「一個月就懷孕」。我看她們裡面有些人是跟耶穌的老媽一樣處女懷孕吧……總之啦，這當然帶給我挫敗感，雖然我知道，想懷孕的人平均要花上一年才能如願，甚至更久。

隨便啦，就像我講的，我一點耐心都沒有！而且是從來沒有。一點都沒有！

小時候，老媽試過讓我去學一個需要一點努力、堅持的樂器：長笛（我覺得長笛很高貴，但沒有想過它是這麼複雜）。當我明白我得花超過一個禮拜才能成為協奏曲天后，我就對長笛失去興趣了。我放棄。

我可從來沒有讓自己栽進那種好幾冊的大部頭作品裡，像《哈利波特》這種的。原因還是一樣：我沒有那種耐心全部讀完以知道結局發生了什麼事。有時候，我「讓」書從手上滑下去，然後「不小心」翻開最後一頁，來偷窺一點劇情。

我無法耐心等待折扣季的到來。折扣季前我都有先看好要買什麼、選好超喜歡的東西，但當我得跟自己說「沒關係，明天是折扣季第一天，我明天

就來」，我真的辦不到。我看過這類電影，我想像一整輛遊覽車的、跟我一樣為了海軍藍Ｍ號領口鑲金開襟毛衣而瘋狂的女人把貨一掃而空。我超怕錯過我的毛衣，結果在折扣季前一天，我就提了十五個購物袋回家。

不是要找藉口，我覺得我屬於「想要馬上全部擁有」世代。當然，除了找工作。找工作的時候，只有一句話是對的：耐心為美德之母。

雖然，小時候，我認為自己還有辦法不染上這種心態（這要感謝當時還沒有這些塑造我如今精神狀態的科技產品），我相信，成年開始，我整個人就浸在「要嘛現在要嘛永不」的心態裡。我想得到什麼，就必須馬上得到。我們家甚至有個小趣事（或者說都市傳說。如果真的是都市傳說，那我真的也弄不明白了），小時候，在一間超市，當我重複地說著「我要餅乾，我要餅乾」之際，就真的有一輛推車經過，在我的腳前掉下一罐餅乾。接下來的幾天，家人都用詭異的眼神看著我。

如今，如果餐點外賣公司說晚上8點12分會到貨，8點15分我還沒看到送貨員的單車的話，我就已經在打客服專線要求退錢了。如果我早上遇到我的閨蜜，她跟我說了一句「回頭見！」，我會期待當晚就跟她喝杯小酒。唯一一個因為太特別了，時空力場都跟地球不一樣，所以我無奈攤手、習慣等待的地方，是——**郵局**[22]！

才剛成年，我連隔天想要看哪部電影都不知道，就覺得有必要迅速選擇職業，安頓下來，為自己找到一個窩。如果一切不是馬上到位，我傾向將之視為失敗。所以，我往往不顧一切讓我決定的、垂涎的事物快速到手。我們這個世代永遠不習慣等待，不習慣接受我們無法控制一切這個事實。當我想起我阿

孃，她沒有聯絡工具，就這樣等了一年又一年，等我阿公從戰場歸來，我就佩服得五體投地。我跟當時的她一樣大的時候，要是24小時都沒有男友的消息，我就認為自己單身啦，馬上重新投入愛情的人肉市場！一秒都不能浪費！

　　我該學會稍微釋放壓力，接受世上沒有不勞而獲的事。而且，這一點點的等待，不正讓我們在終於得到的時候更開心嗎？不管是披薩外送、個人計畫或從戰場歸來的愛人（當然，沒按重要性排序）都是如此。

## 用「活在當下」療癒自己

我跟這個對我來說如此遙遠的、關於耐心與意外的觀念言歸於好，並不再什麼都想控制（雖然這不太簡單）。試試看，每天就花5到10分鐘！

- 我找張公園長椅坐下。
- 我吃一球加了雙倍鮮奶油的冰淇淋。
- 我欣賞周遭發生的趣事（兩隻為了一塊無論如何對牠們來說
  都太大塊的麵包而打起來的麻雀；兩位高談闊論的媽媽；
  她們哈哈大笑的小朋友，吸引媽媽注意後做了幾個
  全新的危險動作……）。
- 我完全活在當下，我很享受！

**這是艾莉絲的一小步……。**

本日心情

HAPPINESS is NOT A STATION you ARRIVE AT, BUT A MANNER OF TRAVELING

瑪格麗特·
李·龍貝克

快樂不是你抵達的車站，而是你旅行的方式。

## 「平靜地，我們做個了結」（逃跑黑奴樂團）

為了讓我的研究更加無懈可擊，我必須走過文獻回顧、資料分析的階段。為了確定我沒有在該做的步驟上漏掉什麼關鍵資訊，我到了書店的「自我成長與身心幸福」分類架前晃上一圈。某個美國作家（自我成長相關作者往往是美國人）說不定早就關注過我的問題了，天曉得。好比說，若有一本題為《煩惱的50道陰影》的作品，將解決方法都分類編好索引了，我一定想都不想就放棄我的研究……。#懶鬼

顯然並沒有這本書。不過我發現嚇到我的東西：好多書書名都叫《21天完成……》。我看大概有十幾本吧！但為什麼是「21」天呢？

我問書店老闆娘，希望她能給我一個答案。我很幸運，遇到一個「這種東西」的粉絲，老闆娘就是這樣稱呼這類書的。她愈說明，我愈感到她的自豪感直線上升。

「美眉呀，因為21是我們想要維持一個習慣、一個改變所需要的天數。」

她做作的腔調，還有那聲「美眉呀」，都讓我覺得自己很蠢。沒差，蠢就蠢，我加碼，我順著她的話頭展現自己真的是個笨蛋。

「啊！誰說的，有什麼根據嗎？」

「我不是很清楚，應該是來自1950到1960年代一個外科醫生做的研究吧。我另外還聽過一個感覺很親切的美國學者做的研究……他叫做亞瑟小子……。」

我還需要她指點迷津。所以，我沒去嘲笑她，沒糾正她：一個節奏藍調歌星不太可能去做這種研究。為了保持嚴肅，我緊緊咬住嘴唇。

「不，艾科爾！對，沒錯，叫尚恩·艾科爾，他是教授，專門研究並發展幸福論述。但接下來我就不知道了。」

就跟我媽問我她是不是應該為了「凜陰」[23] 的相片梳妝打扮一樣可愛，她建議我在「菇果」上推展我的搜尋。

這就是我在做的啊。但她說的沒錯，這位前哈佛大學心理教授尚恩·艾科爾是我可愛的小信仰，還長得一臉好女婿樣。我看過他一個題為〈讓你工作更順的幸福祕訣〉的TED演講。他發表他的研究成果，邀請幾間企業的員工進行21天的正能量活動（冥想、運動、練習感激……），證明我們可以讓大腦學習變得正向。

有驚奇好運，有老天注定，也有不測風雲……我發現從我踏上我的探索小旅行，已經過了21天多（好，對啦，一個月！）時間過太快了吧！是該做個總整理了。

首先，我該慶幸我到現在還在煩惱這個。我其實是三分鐘熱度女王，不管是衣服音樂還是新的習慣，我都膩得很快。最近這六個月，我報名了陶藝課程、拳擊有氧，還有馬術培訓，但都沒有去超過三次。到今天為止，我已經花了稍稍超過一個月的時間去探索放下執著之道，這個「Fuck it療法」。我啊，就像拉封丹筆

下的蘆葦[24] 一樣，彎曲但不折斷。我的激情還在，雖然我知道，我還有很長的路要走，也還會遇見很多人。一個天注定的事情也鼓舞著我：在這場冒險裡我遲早會——當然，是以雲端的方式——跟尚恩重逢！

現在，我有兩個愛了：尚恩・艾科爾跟TED演講！

# 六月三日

## 生活中的小確幸

　　我有個<u>超讚</u>鄰居！她是我們這層樓最裡面那一位嬌小的阿嬤。我只有一次斗膽請教她芳齡貴庚，她以一種調皮但不失堅定的口吻回答：這種事不能問女生。她活力滿點，不過應該85歲有了。她（仍然）已婚，老公是她似乎永遠愛不膩的安德烈。五年內，也就是從我們租下這一間喬治－凱恩路的公寓開始，我只見過他兩到三次。阿嬤有一次邊翻白眼邊跟我解釋，因為安德烈是個大宅男。

　　這位蘇珊阿嬤（知己都叫他蘇西，我想，這樣的話，我算她的知己囉）剛好相反，她是一顆生猛來勁的電池。每次我遇到她，我們一定大聊天、交換心得。跟她碎嘴總是讓我超開心的。我們的對談又膚淺又深邃，一個簡單又真實的分享時光——這正是我所珍惜的，生命的小禮物。

# 六月八日

## 女孩，生日快樂！

今天早上，我帶著無比堅定的期待起床，期待全世界都來恭喜我……因為今天不是其他天，而恰恰是我期待已久的生日。

別懷疑，我親愛的日記，這個日曆上的特別日子，一直是我生命中的重大事件。從很小的時候開始，我總是期待這一天光榮、魔幻、完美。再沒別的了。

今天，我慶祝了我的第34個春天，照理來說，我應該已經了解生命並不總是給予我們想要的那個禮物（不然的話，聖誕老公公早就應該在去年冬天送我瑪戈‧魔丹的插畫全集了），我起床仍然滿心期待。

安端很了解我，他顯然搶占先機，幫我將早餐端到床上，加碼那愛情的經典小慣例：玫瑰花瓣配上背景音樂：奧蒂斯‧雷丁的〈我愛你太過長長久久〉。

我的同事呢，則貼心裝飾了我的辦公桌，還請我吃糖粒奶油泡芙。

我老媽跟我姊姊在一間俯瞰巴黎風光的時髦餐廳跟我一起吃了頓女人午餐。

我一整天不斷收到一大堆簡訊、臉書通知，以及搖屁股的碧昂絲或蹦蹦跳跳的小小兵的GIF圖。我最期待的是**我的**生日晚會；我每年都邀請十幾個朋友、安端，以及兩三個同事一起慶祝。

結果！下午4點開始，第一個失望飛來：「對不起，艾莉絲，

蕾亞得了急性腸胃炎，我們不想把她自己一個留在保姆那邊。代我們喝一杯吧！」這是一連串災難的開始。艾力克斯被一份緊急的公文卡在辦公室，沒法確定能不能來參加；我還收到兩封簡訊說：「對不起，妳這個，我們今天晚上不太方便……。」有些人連找個藉口都懶。「不太方便……。」認真的嗎？連從你的皮包拿出一張~~地鐵票~~地鐵票然後為了我這個散播歡樂散播愛的女子付杯酒錢也不太方便嗎？

我氣到不行。我的這一天可不是什麼「妳這個」，我的期待比「妳這個」多太多了！我回過神來，跟自己說，不可能。呦，少來，小騙子們！你們已經計畫好了，我很確定。每個人藉口說不能來，都是為了要讓我最後發現他們全都聚集在我這間雞尾酒吧的時候，更加驚喜。

我是在晚上7點抵達現場的時候才徹底失望的：以撒和路克真的留在家裡陪生病的女兒，艾力克斯也還在辦公室。我沮喪到再也無心慶祝了。這些所謂的朋友就這樣放鳥我一年中最重要的日子。

茱莉亞看到我的臉垮下來，快要哭了，就攔住我，把我直接拖進女生廁所。當她問我怎麼了，而我跟她一一細數我的失望，她做了到現在她都不敢對我做的動作：她輕輕噹了我的臉。這對我來說是個意義重大的動作。放課後的操場時光，我們就是這樣彈著彼此的臉頰的！（她之後堅持那是個「友善噹臉」，但還是噹臉啊！）

然後，她幫我調整肩帶，好像我是個4歲的小女生。她跟我說，真的都看我怎麼想！她說，她很懂我，所以她猜我根本並不享受大家今天對我貼心的祝福與注目；我不覺得今天很美滿，反而一直去想「還有什麼不順的？」而憤怒；我視而不見出席的人，寧願鑽牛角尖去想那幾個沒辦法出席的人，自己把生日宴會毀了。她開導我：畢竟妳期待愈高，失望愈大。

雖然說到底，生日這天被人說教，我覺得蠻超過的，茱莉亞也沒說錯啦。

我怯生生回到我朋友那一桌，謝謝大家今晚能來，謝謝安端的可愛小早餐，謝謝我可愛的同事們為我妝點辦公桌。最重要的是，我過了這三十幾年來最棒的一次生日晚會，因為我終於懂得：享受當下。

我當然也感謝茱莉亞的開導，跟她說不好意思，我有時候就是蠻煩人的。不過我也先跟她說，下次她再嗆我臉，我會反擊她一個我從動漫《貓眼》裡學到的擒拿法！

今天，我相信我真真正正長大了！

# 六月十日

## 在家裡……放下執著

　　我要去我朋友夏洛特家拿回我的打孔機。我一直怕去她家，因為她的小朋友常常給客人一種特攻隊出任務的感覺。

　　我沒誤會。門一開，為了走到她那邊，我馬上就得跨過她的老三。她遠遠地喊：「當自己家啊別客氣，我馬上就來。尤其拜託，就當沒看見這一團亂好嗎。」她指的是她正在把牆重新漆成藍綠色的老大，還是她整間像被卡崔娜颶風蹂躪過的房子？我不禁想問，她這麼一個控制狂、偏執狂怎麼會淪落到這種地步。

　　又聽了幾聲我不太想知道原因的大吼大叫後，我終於等到姍姍來遲的她。

　　「對不起，今天有點亂七八糟的！」

　　我們試著若無其事正常聊天。她跟我說，之前她把一個玩偶忘在手提包裡，所以必須搭Uber來回一趟幼兒園。看到我臉色一變，她說：

　　「喔不，不要因為看到這些就失望了，好嗎？我知道看到這些不會讓妳有粉紅色泡泡啦，但家庭生活的一切全是幸福！差不多是啦，妳懂我……。」

　　她最小的那一隻正在拿不知道是不是中午吃剩的一碗雞肉紅蘿蔔妝點他媽媽一件好美麗的Comptoir des Cotonniers襯衫。令人感動的是，她200%相信自己正在做的好事。

　　我趁混亂稍稍平息時間她這個偉大的問題：

　　「不過，妳是怎麼堅持下去、掌握一切的啊？」

她微笑。

「我試著別老是給自己壓力。當妳成為母親，該學會的最要緊的事，是放下執著。妳其實別無選擇！從懷孕開始，妳之後會懂的，就該懂得退一步看事情，把自己武裝起來。妳要是在意別人給妳的每個建議就完蛋了：兒科醫生跟妳說妳兒子瘋狂超重；另一個媽媽跟妳說『她的!』小孩2歲就上英文課；幼兒園老師說妳的心肝寶貝有輕微社交障礙（他用嘴咬了班上一半的人）……而且從我第一天當媽媽，這些就開始了！總之，如果每件事都不順，我就會放大絕啦！」

她走向她的高音質音響，打開它。兩秒鐘我就認出了火星人布魯諾的聲音！她的三個小朋友衝了過來，我也就跟他們一起歡度這場感覺超讚的Fuck it大慶典！

# 六月十七日

## 第三次OTA聚會：冥想

　　我加入OTA後害怕的事終於來了⋯⋯我不花一點力氣就感覺到「那個」要來了，「那個」逼近了⋯⋯而且，現在到處都在談這個⋯⋯從被「那個」改變人生的明星，到辦公室裡，想勸我報名「那個」的同事⋯⋯。

　　「那個」，我親愛的日記，當然不是史蒂芬・金小說改編的恐怖電影；而是，別嚇到囉⋯⋯冥想。

　　很早，我就接觸過冥想。恐怕太早了。是在我小一時。七天裡有五天，我都穿著我愛死了的、脫都不想脫掉的格紋裙。當我們準備好衝向操場，乒乓塔女士阻止了我們（我有個理論：正是為了讓小朋友熱愛上學，小學老師都有個爆笑的名字。不過這是另一段故事了）。總之，她不讓我們下課，而想逼我們做個小練習。這聽起來毛毛的，不過我們都還很年輕嘛⋯⋯她於是要求／命令我們拿出我們的下午點心（我的是好吃的脆糖杏仁粒瑪德蓮）並閉上眼睛。當然囉，25個人完成動作就花了25分鐘。然後，她讓我們開吃，眼睛還是閉著，專注感受食物的滋味。她無法讓她25個學生時時專心，於是喝斥與威脅跟雨點一樣傾盆而下。一旦最後一口吞下去，就必須繼續閉著眼睛，專注在呼吸上。就是此時，我的焦慮湧現了。這是連一聲可以讓人分心的噪音都沒有的、死魚般的安靜。我崩潰了⋯⋯壓力之下，我開始瘋狂大笑，控制都無法控制。我竭力試著克制自己，跟老師說對不起，跟她解釋我不是故意的⋯⋯但我還是被處罰了。這就是我第一次（也是最後一次）正念冥想的經驗⋯⋯。

所以，我特別抗拒去勉強自己重新嘗試冥想。不過，我已身在懸崖，退無可退。另外呢，我思考過了，覺得自己對這個綁著辮子、穿著格紋裙的5歲女孩艾莉絲有所承諾，承諾再試一次，承諾再也不沉溺在失敗中。

可能因為我冒著冷汗顫抖吧，也有可能，史諦芬就是有察言觀色的直覺，他又一次察覺我的不安。於是，他藉口要幫全體成員（其他人早就都是冥想愛好者）做個開場，為我們要做的練習做了簡短說明。

我們不一定要閉上眼睛，也不一定要盤腿坐在地上（這很體貼我，因為我裙子裡面穿的是一條我暱稱「我的911內褲」的內褲，也就是我的應急內褲，它的花色是卡通《愛探險的Dora》）。我們只要坐在椅子上找個舒服的姿勢就行了，腳平放在地上最好。史諦芬操著溫柔美妙、李察．吉爾（的法語配音）式的嗓音，只要求我們迎接我們的情緒，無論正向負面。他補充，如果我們的思緒飄出去一點點也沒關係。我們只須要「身在此地，陪著自己，活在當下」。我完全沒有像以前在乒乓塔老師班上那種被約束的感覺。我完全不急著獲得什麼，只是真真實實地傾聽自己、自己的想法、自己的呼吸、自己每一部分的身體。史諦芬的話音持續撫慰著我們：

「將你連結到自己的呼吸上，關心每一次的吸氣、吐氣……如果念頭大舉進攻，那也沒關係的，這很正常……別對抗，別掙扎，只要試著退一步審視它們就好。想像它們飛走，它們遠離……你已經徹底活在當下。你專注著，在這跟自己相伴相隨的珍貴時光中，傾聽著每種情緒，傾聽著你每一部分的身體。」

這10分鐘過得跟聽三首碧昂絲一樣快。會不會是年齡、環境、表達方式的問題？我不曉得，但能走出之前的陰影，我很幸福！

　　史諦芬說，我們一天可以實踐這個小練習好幾次，可以在起床的時候，工作的時候，或通勤的時候這麼做。我答應自己以後要多溫習！

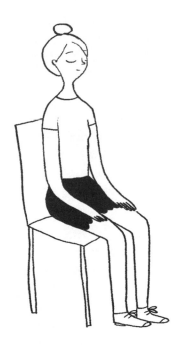

# 六月十九日

## 我有隻蟾蜍老公

剛剛，我的世界崩壞了。我朋友茱莉亞來對我宣布……她離婚了。我承認我之前什麼都沒感覺到。現在我回想，她在我的生日晚會上確實孤零零一個人。

是沒錯，他們的婚姻關係緊張。她老公責怪她心思都放在職涯，冷落了他；她老公當然沒說錯。可是，*原則上*，沒有什麼克服不了的困難！我認識他們的時候他們就在一起了。他們是一對跟《布林和比利》[25] 有得拚的快樂夥伴。

當她還蠻平靜地告訴我這件事，我必須說，我得用盡全力才沒崩潰。我懂她正壓抑著情緒，這耗盡了她的力氣，我不要再給她添麻煩。我聽她原原本本說分明，聽她的「論述」。她說這是一個「一致同意的」離婚。噢不！我，我<u>不同意</u>！一對這麼美好的人兒就這樣<u>毀</u>了！我問她她確定嗎，真的<u>沒救</u>了嗎，會不會只是婚姻中一時的危機呢，大家都經歷過啊。如果算算我離家出走未遂的次數、在5分鐘內打包好行李的次數（這很不像我，所以是有效的虛張聲勢），以及我當著安端的面甩上門、揚言永遠不回來的次數……。

然而，她心意已決，不是隨口說說。她坦承他們已經很久不再是情侶而只是室友了。她甚至做了「實地測試」，她解釋：她收回那些柔情的、愛意盈滿的動作，看看要多久，他才會主動對她做這些。三整天，連溫柔撫摸大腿都沒有，只有行禮如儀的親親臉。這讓她非常火大，但她也因此醒悟了。漸漸地，日常生活拉遠了他們的距離；他們之前從未警覺。她也承認了自己有錯，她竟然就這樣認為他們永遠能情比金堅，而這從來就不是真的。察覺到關係惡化的他，提議他們生個寶寶；但她是個有原則的女

人，不可能為了拯救感情去生寶寶。所以，他們選擇了最極端的手段。

我承認我自私地想道：「Fuck！來了，開始了！」我們才剛慶祝完一對對新人的婚禮、一個個寶寶的降生，黑暗就前仆後繼降臨了：那令人懼怕的離別。

我還沒準備好面對離別。他們的離別、我們的離別，都一樣……我曉得我們的思維模式跟爸媽那一代不一樣；不管情勢如何，他們永遠同心共度。然而，跟同一個人攜手一生，這畢竟是個非同小可的賭注。所以，當我漸漸長大，我媽媽開始會跟我傾訴她跟我爸爸在婚姻中的各種衝突。這些在我更小的時候，我都渾然不覺。萬一無論如何都走不下去了，當然也不應該不顧一切維持關係；不過，我有時感覺，比起父母那代，我們對愛情要求更高，很快就開始吹毛求疵，直到我們再也無法放過對方。

我自己也常常直指對方那些我不喜歡的點或各種感情中的問題。但我不應該這麼做的，我很清楚……。

當然，我的蟾蜍老公並不完美。但我就很完美嗎？而且，如果我們兩個都完美無缺，那生命不就缺了那麼點扣人心弦的高低起伏了嗎？

我有隻蟾蜍老公，那又怎樣？我們的故事仍然跟童話一樣美麗。

# 我重新頒給我們的感情
# 一張表揚狀

**我回憶為什麼我們會在一起，
是什麼讓我們的愛如此有力。
我回憶我們如何遇見彼此，
以此為日常生活重染一點魔力。**

我一下筆，莎士比亞就只能迴避……。

 好久好久以前，有個名字溫柔如田園詩的公主，她叫艾莉絲。

她長得還算**美麗優雅**，雖然她頭髮有個大麻煩（髮質脆弱，髮尾乾燥）。

好久好久了，艾莉絲公主**不再期待遇見愛情**。在被第十二個追求者用簡訊（也就是：簡短訊息服務）拋棄、狠狠蹂躪她的心後，她接受了自己的命運。

然而，艾莉絲公主仍然跋山涉水尋找愛情。她趕跑用性愛錄影帶敲詐她、想讓她永遠留在他身邊的貪婪水蛭，以及連村裡的老小姐都嫌棄的醜陋蟾蜍。

此時，她回想起下班後，在**在地小酒館遇到的**一個帥哥。彼此眨眨眼，跳了一首〈江南Style〉後馬上熱起來，直到他匆匆離去，留下一只愛迪達運動鞋……。

**是要如何找回這個小帥哥？**她在每月一度的K歌聚會跟她的手帕交們吐露了這個心思。酒過幾巡，小公主還是悶悶不樂。她最親密的好姊妹關朵鈴眼見如此，就介紹她一個新的、革命性的，將在不久的未來取代飛鴿傳書的社交方式：**TUNDER**社交軟體。

一個讓她在周遭地理範圍內找到年輕騎士的方法！閨蜜們樂在其中、全心投入幫忙，她迫不及待填好了個人檔案！

**芳名**：艾莉絲公主
**頭銜**：數位公主大賞得主
**職業**：正在追尋人生路
**興趣**：騎龍、喝椰子汁
**外貌**：跟凱莉‧米洛、夏奇拉以及伊娃‧朗格莉亞三個人……
　　　　坐在彼此的肩膀上然後加起來一樣高

艾莉絲公主註冊了帳號。幾個小時過去了，幾天過去了，艾莉絲公主不斷往左滑，尋尋覓覓意中人（中間還滑到得了肌腱炎）……。
直到她遇見了她那遺落愛迪達運動鞋的小緣投仔的檔案！
她往右滑……。
他也往右滑……。
聊天開始了。第一次約會的時間，定了！

他們結婚了，有了許多的……。
好，我們還在努力。不過，我永遠保持希望！

## 甜蜜地，逃跑吧

今晨，我醒來了，我置身森林之中……好啦，不是真正置身森林，但也差不多了！

我跟安端決定要逃離日常生活，去佩什那邊走走。這是一次衝動，或不如說是一次吵架的結果，起因是安端罵我太一板一眼，感情中意外的小衝動全死光光。他邀我跟他一起重返相戀之初的甜蜜小習慣，在他下班後一起喝杯啤酒，結果我讓他超不爽。我跟他說，今天是喝啤酒的大凶之日，因為今天是**我的**寶寶製作日，啤酒顯然對我們的做人計畫毫無幫助。他就罵我是個掃興的傢伙，而且邊掃興邊做人一定更做不出來！

當然啦，<u>他說得很對，我知道</u>！我們的做人計畫讓我們每一秒的親密時刻都像機器一樣乏味，缺乏驚奇。他罵我罵得很對，我把做人變成一種強迫行為，照我的經期按表操課。為了證明我還能給他驚喜（或者，證明他是錯的……），我提議我們馬上打包行李，上車出發，開往最靠近我們的美麗自然。結果我嚇一大跳：他附議了我這個瘋女人。這就是為什麼我們會來到佩什地區這棟林中小木屋。這邊的「小木屋」可不只是作文修辭喔，是貨真價實的一棟小木屋！而且重點是：沒熱水，沒牽電線（只有蠟燭跟有煙囪的那種火爐），當然也沒網路，廁所甚至沒水！一場哇靠——的大探險！我首先冒出這個念頭。不過沒關係，這不是抱怨的時候。這場小旅行的目的是證明／提醒安端，我也可以是個酷妹子。我就來盡量適應！

於是，我們決定在森林中散散步。沒網路的關係，我們找回了帶著地圖和指南針散步的復古樂趣，有點像荒野求生節目《蘭塔島》的方位標定競賽。令我驚奇的是，平靜祥和的感覺很快充

盈我的心中。能這樣看看遠方（而不只是盯著螢幕），呼吸一下樹木的芬芳，欣賞萬物的力與美……我因此也回憶起青少年時，我們的山中健行。我媽媽總要我跟我姊歡喜讚嘆哪一朵又哪一朵花多麼巧奪天工……我們誰鳥她啊。當時，我們根本看都不想看。我們只想趕快走完，然後就可以回旅館看《救命下課鈴》。

二十年後，我終於了解了老媽想試著讓我們體會什麼：大自然的美好。我愈深入森林，身心靈愈是放鬆。

安端跟我一樣幸福，甚至愉快到我覺得他只差沒去跟樹親親抱抱。

夜色降臨，必須往回走了。沒電話、沒電視、沒一絲絲讓人分心的東西，我們整夜暢談！我們天南地北亂聊，還發想了個「死前要完成的××件事」計畫（好比說，開福斯休旅車環遊愛爾蘭！）

有趣的是，像我這樣子的控制狂，在一個月前是根本不可能接受這種福至心靈說走就走的事的……不過，我已經有直覺了：要接受計畫外的事，要傾聽自己……要讓自己有機會歸返生命本質。

## 看姊姊我Rap嗆爆……週日晚上的鬱卒感！

週日天色一暗，我就心情很幹，
我負面思考，我心情不好，我神經緊緊的鬆不了，
我睡不著覺，我想到又要上班就尖叫，
亂、七、八、糟！

我的星期一它驕傲至極，一秒都不給我休息，
情緒的颱風它超狂，一件事卻讓我費盡思量：
怎樣找尋心內的真理小語，準備好傾聽我自己，
你處在我的情形，就知道有件事不做不行，
我跑去跟孔子請益，他這人最愛主持正義：

《 選你鍾愛的工作，你的一生就連一天都
　　　　　　　　　　　不必工作。》

—— 孔子

我決定給自己取個藝名：
艾莉絲……調皮國的國師。

## 別人的人生

　　我喜歡搭地鐵！不是喜歡它很臭、它誤點、它永遠故障，是因為對我來說，地鐵就是個人類萬花筒。在那，我們跟不同年齡、風格的人擦身而過……我喜歡觀察他們，揣摩他們的姿勢，研究他們的穿搭，觀察他們是心情不好（通常是這個沒錯）還是幸福滿滿。我把耳機塞進耳朵裡（這樣別人就不會打擾我），但我不放音樂，以與這個在我周圍萬頭鑽動的世界保持連繫。剛剛，兩個剛下班的、三十幾歲的上班族年輕女生跑來黏在我身上。我說「黏」，是因為尖峰時刻，我們常常要跟陌生人共享連跟我家人都從來沒有過的親密關係。她們開始了勁爆的對談，我試著盡可能偷聽。其中一位姊姊穿著炫麗的、連我都很想跟她借來穿穿的牛仔洋裝，這位姊姊她超激動：

　　「唉，但，不是吧，難道我要催眠自己說，我的人生就這樣了？我畢業了，躲進一個我覺得煩到翻掉的工作裡，同事上司全都是一群蠢豬。找個不怎麼樣的老公，生一堆小孩，然後Happy end，就這樣？」

　　她朋友／同事（我不太清楚她們的關係）穿的則是豪華氣派的皇室藍開襟羊毛衫。面對牛仔洋裝姊的怒火，她感覺有點不知道怎麼辦。逼這麼多陌生人聽這樣的對話讓她非常尷尬。她艱難地吐出幾個字：

　　「哪有，才不會好嗎……好了啦，妳太誇張了。妳的人生已經超讚了。」

　　天──吶！我真的覺得她這句顯示她心靈有嚴重匱乏的話，讓我高潮了。

「啊？然後咧，我就應該滿足我擁有的？我就要跟自己說別抱怨，一切都很好？我就不能對自己更加挑剔？對我的人生更加挑剔？我就不應該去追求能感動我的東西？」

牛仔洋裝姊用短短幾個問句就總結了我對生命的疑問！她們偷窺了我腦子裡的想法嗎？還是有隱藏攝影機？是偶然的邂逅，還是命運的預兆？是什麼都好，我不錯過她們對話的任何一個字。觀看並品頭論足他人的生命本來就比自我反省簡單很多，尤其她們又是陌生人。她們兩個似乎都沒發現我200％熱烈投入到她們的討論中。列車抵達Nation站，我發現她們開始扭動身體，往車門擠過去。不不不不不！她們要離開我了，她們要離開我了！為了我的探索著想，我不能失去這兩個這麼讚的研究對象！我做了生命中從沒想過有一天會做的事：我想都不想就開始行動！我跟我的對象一起跳下車廂，然後我開始跟蹤她們。最難的在於要怎樣取一個適當的距離讓她們不起疑心，而我又能繼續聽見她們聊天。

要是她們出站，我就完了。我可沒有福爾摩斯那種跟人跟到大街上的經驗！啊，讚啦！她們是要去換車。她們要去的是我家的反方向，當然啦，不過沒關係……等車的時候，我靠近她們，想跟追一集《慾望城市》那樣，趕快追上她們的談話進度。藍羊毛衫姊一直笨手笨腳又徒勞無功地想讓她朋友冷靜冷靜（從她們這麼親暱地聊天看來，她們應該不只是同事）。牛仔洋裝姊似乎前所未有地堅定，她想勘破生命的祕密與意義！我為此偷偷謝謝她。她不曉得的是，此刻，她成為了一整個世代的發言人！

「妳知道嘛，我有一堆朋友跟我說她們工作做得不開心，結果兩年後，她們還在做一樣的工作，因為她們沒有勇氣或信心改變現狀。注意喔，我不是說工作一定讓人不開心，我有一堆麻吉，

他們整個陶醉在工作裡。可是，我們發現自己選錯路，或反正我們覺得生活中少了點令人感動興奮的什麼東西，我們做了什麼，蛤？我們他媽的只活一次，對吧?!」

對──！我們到底在搞什麼鬼啊，遜咖？！我準備好揭穿自己的身分，讓她能夠直接分享我她的祕訣，她好像真的知道一條明路、一個祕方、一項主張！在這個我生命的關鍵時刻，我求知若渴！

這時，地鐵公司自動廣播的枯燥嗓音打斷了這魔幻的當下：「本列車即將……。」唉呦！我覺得，差不多再一分鐘，她們就要坦露自己的祕密。我沒辦法令人不起疑心地跟著她們搭下一輛車，這樣我身分會被拆穿。我還是冒險靠近了她們，但列車進站的噪音讓我聽不太清楚她們說的話。

「欸好，我跟妳說，我只是不想讓生命擁有<u>遺憾</u>！我只是不想一再跟自己說，對，妳就是缺乏放膽一試的勇氣。花了無數個夜晚與週末停留在初步構想後，我決定要創立那個我跟妳說了二十年的珠寶品牌。我不要再找一堆好像很有道理的藉口阻止自己前進了。」

藍羊毛衫姊100%支持她。聽起來，牛仔洋裝姊好像真的蠻有才華的……。

列車停在月臺上。是說再見的時候了。我不認識她們，但覺得自己已經跟她們分享了這麼多的事情！心中，我悄悄謝謝她們，謝謝她們探討了我每天思索的問題，尤其謝謝她們幫助我做出決定！

明天，我會把我畫的插畫寄給出版社，如果被已讀不回那就算了！至少我從此以後無遺憾。畢竟我覺得，這對我的幸福、身心靈的平衡太太重要了。

總之，這是我做的一個名字很神祕的測驗的結果。社交軟體上大家都在轉，我就產生了興趣：ikigai，這是一個日文詞，意思是「生命的意義」。日本人開創了這個思想，認為所有人都有個ikigai，它就是我們期待生命給予我們的事物。重點在於，如何在四個關鍵之圓中達成平衡：熱情、任務、天命與事業。這些思索的目的，正在於讓我們對自己所作所為更能覺察與反省！

## 尋找我的ikigai

我充滿智慧地問我自己……

**我喜歡我正在做的事嗎？**呃，唉。

**我的才華是什麼？**畫畫、創作！

**我的天命是服務他人嗎？**對，讓人幸福，得到快樂！

**我工作做得開心嗎？**我覺得是吧……唉，隨便啦！

**做這工作能夠帶來什麼？**

不太能。是的，說到底，

沒能創造什麼這個世界沒它不行的東西。

**我的事業與我的熱情相符嗎？**

還沒有，不過我正在努力！

現在，我可以開始填填看
這用來總結的小小示意圖：

↓

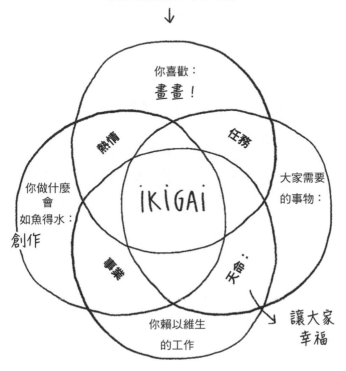

厲害吧，這視覺化的小工具簡簡單單，卻已幫我找到生命的意義，或至少幫我思考一個每天早上一定要捫心自問的問題：我為什麼要起床？

今日心情

Dans la vie,
ON NE
REGRETTE
QUE PAS
CE QUE
L'ON N'A FAIT

JEAN COCTEAU

生命中，我們唯一遺憾的，就是我們沒做過的那些！

——尚·考克多

# 七月一日

## 現在的天氣啊，季節都亂、亂、亂！

今天，七月一日星期日。冷。還下雨。像十一月，卻又缺乏品嘗烤乳酪的樂趣。我敢說這話代表我內行，因為我還跑去超市尋找烤乳酪的食材！我前後左右穿梭貨架，看來看去卻一無所獲。我現在知道了，一定有什麼神祕力量阻止我們在夏天吃烤乳酪。害我超想大吼大叫的！

我完全感受到我的生物節奏一團糟，甚至可以說亂、亂、亂。注意啦，我懂事以來，我媽拚命要教會我的一件事就是：別小看我們的生物節奏！有些小朋友在睡前能夠聽上一首搖籃曲，我們該傾聽的則是生理時鐘。老媽說：「我感受到什麼、我怎麼感受到，以及我哪時候會感受到，都取決於那傳說中的生理機制！這就是為什麼我們得學會傾聽自己以及自己的身體。」

當時，我跟老姊似懂非懂點點頭。現在，我懂了！

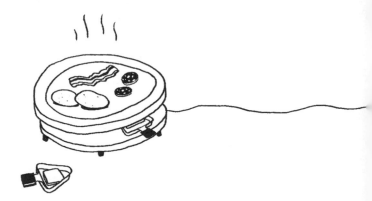

## 我傾聽我的生物節奏

我決定花一週（或更久）自問自答，
傾聽我的身體及我的生理、情感、精神週期。

### 我每天早上幾點起床最輕鬆？

7點32分！不會更早或更晚，一分鐘都不。

### 我每天幾點會忽然整個沒力？

下午2點左右，午餐時間結束的時候！我跟鐵達尼號一樣沉沒。

### 我一天中哪時候活力滿滿？

我還無法定義我最閃亮的那一刻！

### 我有哪個時段創意生猛帶勁？

是晚上。我覺得，晚上啊，我的靈魂……終於起床了！

### 我哪時候覺得行政事務不再是苦差事？

沒有那種時候……哈哈，開玩笑的！應該是早上吧。

### 我幾點會渴望前往夢鄉，就為了隔天早上不要累趴？

晚上10點……不是午夜。偏偏我每天都拖到午夜才去睡！

### <u>生命，就是平衡的藝術。</u>

今早，我的生理時鐘有點亂七八糟。結果，中午12點12分了，我還穿著睡衣。

不是那種「我穿棉的，我還是可愛可愛的！」的睡衣，不！是那種丟臉丟到外太空的睡衣！穿著它，我好舒服，它幫我抵抗世界所有的惡意。它很有故事，對，各式各樣的故事。它有兩個一定要的啦的單品配件：阿嬤的厚羊毛襪跟……油膩膩的秀髮。

我老公去散步了，照理來說，我會被自己的罪惡感搞死。不過，我內心非常寧靜。不，更猛，我覺得！為什麼？我怎麼做到的？對，沒錯！我找到了這個真理。它藏在我的丹麥朋友稱之為hygge (這個字要怎麼唸，呼－嘎還是嘻－姊，我一直沒有答案)的祕密背後。

這個已經襲捲了我們法蘭西有段時間的風潮真了不起。它完美證明了我週日跑去超市找烤乳酪是剛好而已。十一月到二月吃烤乳酪當然是比較適合啦，不過反正這個夏天跟十一月也有點像了嘛，FUCK！

因為這所謂的hygge，到底是什麼呢？這個淋滿了丹麥甜蜜醬汁的幸福食譜其實正是要邀請我們放下執著。配方呢？超簡單！點個幾盞蠟燭（準備好了！），用毛毯把自己裹得緊緊的（也準備好了！），讓壁爐木炭的劈啪聲撫慰你（用你的MP3播放壁爐劈啪聲也可以），享用一杯擠上三倍鮮奶油的熱巧克力，然後翻開一本好書……。

這樣，你就是個hygge啦。太讚了，對吧？兩年前，我這樣做的話，大家會當我懶妹、懶鬼、懶趴趴，現如今呢，我是潮中之潮！**#老娘hygge啦**

從今以後，當夏洛特在某個週日的早上九點打電話給我，問我

能不能跟她和她的屁孩們一起去游泳的時候，我只要這樣回她：「不好意思啦，我今天hygge囉。」夏洛特一定不知道我在講啥毀，但她也不敢問我，因為一問，她就變成落伍到爆炸的人啦。

說到底，我的hygge時光也沒剩多久了。當然啦，我還沒懷孕，但一旦我懷孕了（我集氣，我祈禱），我就只能跟我的hygge時光，這段我只為自己而活的時光揮淚說再見。

對啊，因為之後，一切都會不一樣了。我早就從那些我親切稱呼為「閨媽蜜」的閨蜜－媽咪朋友傳給我的訊息上懂了這些。現在，我們聊天時，總是有點落差，一堆雞同鴨講，連時空都不同了。

因為，我們幾乎生活在不同時區了。我提議週六快中午的時候吃個早午餐，她們會回：「沒問題啊，那我們九點半小朋友活動結束後見……」如果我膽敢提議吃晚一點……假設下午一點好了，她們就會兇巴巴回我說下午一點，小朋友正在睡午覺……我能怎麼辦呢，我也睡個午覺？

當她們驕傲地跟我說，為了犒賞自己一些時間，她們將工時縮減為五分之四，我知道她們其實是為了要做家事、買東西。上一次，夏洛特超得意地跟我說，她抓緊時間去了「湯泡」。在恭喜她終於有點自己的時間前，我當然先糾正她，應該是「泡湯」吧……結果不是！為了帶隻小貓給她最小那隻，她真的去了「動保」（動物保護協會）。

我很清楚，在不久的將來，我的生活也將以我的家庭、我的孩子為主節奏，我等不及啦！我等不及要體驗生命中最驕傲的一刻── 我兒子或女兒終於抓住了遊樂園長尾豹大公仔的尾

巴；等不及要為了崇高的議題，好比公共沙池的定期消毒而奮鬥；等不及要在社交軟體病毒式地散播我寶寶的可愛照……不過，在有福消受這最美好的一切前，我要再耽溺一下。

# 老娘hygge啦

# 七月四日

## 第四次OTA聚會：叛逆辣妹駕到

我漸漸愛上他們了！我扔掉了心防，快忘光我為自己搞出來的角色、人物設定，開始認真投入，卸下面紗。畢竟啊，我們都為了同一件事相聚：對抗那些生命整組壞了了的鑽牛角尖！必須一起打拚！

當然啦，要我跟朋友，尤其跟安端透露我的OTA取經之旅，那是想都別想。他們一定會笑我。為了讓他們不懷疑我，我騙他們說我是去上水中有氧課。從OTA回來的時候，我把頭髮弄溼弄亂，假裝戴過泳帽；有時候，我還戴著蛙鏡坐地鐵，就為了讓他們看見我眼框的蛙鏡痕。我是從大量收看警探影集：《法網遊龍》、《製造殺人犯》，甚至《NG大神探》學到這些絕招的。

我不喜歡躲躲藏藏裝神祕，但也還沒準備要來個祕密大噴發！所以，去聚會的時候，我還……揹著我的游泳用品袋！

這一次的主題是：「我叛逆」。這個主題激發了我的興趣，讓沉睡在我心中的小小模範生的靈魂微微顫動著。

我總是嚴格遵守規矩做事。大家叫我怎麼做，我就怎麼做。

我害怕跌倒，不喜歡離開既定的道路。

一想到要跟別人不一樣，我就發抖。

我活了34歲，每一分每一秒，都是模範生症候群的受害者！

現在，我破繭而出，決心對抗心魔，我微微冒著冷汗。而史諦

芬，不管是穿搭風格的巧合還是他故意的，看起來簡直是個五〇年代的小學老師。這讓我更坐立難安了呢！我們輪流發言，每個人都要分享他跟叛逆的關係（我說，我跟叛逆唯一的親密接觸是國三的時候，我啊，叼著菸狠狠吸了一口。哄堂大笑。）。然後，史諦芬開始真真實實地，讚美起了叛逆。

他不是亂編沒意義的鬼話來歌頌，差很多！他甚至准我換個角度看問題。他說，離開既定的路、探索新領域，可以讓我們的創意跟想像力都大進步。叛逆是一個超棒的機會去自我質疑，並因此讓自己擁有全新的發展！向新世界敞開自我讓我們有機會變得更好。叛逆讓我們問問自己：我們在哪裡、為什麼自我設限，這些限制又真的合理嗎？總之，這帶出了一些意外的觀點。

根據史諦芬的說法，叛逆是展開一場旅遊的偉大邀請……問題來了：如果我們多年來已習慣自我設限，總是走同一條大馬路，又怎麼做才能勇敢離開，走上人跡罕至的小徑呢？

為了讓我們有所突破，史諦芬大覺者讓我們玩了個角色扮演遊戲：

「下一次啊，你們面對一個選擇、一種困境的時候，就想像自己是某個你景仰已久的、天不怕地不怕的叛逆咖，然後問問自己，他會怎麼做。」

然後，他用很震撼的一句話結束了他的分享：

「最重要的是，別怕，就去當個難搞壞孩子！」

好，我現在該做的，就是選定我的叛逆咖……。
好！我找到了！以後，面對困難，我會這樣問自己：

## 《末路狂花》兩姊妹會怎麼做？

• 我剛被指定下班後要參加人脈交流活動。他們最後一分鐘才跟我說。
  真不巧，我難得事先預約了美容中心的按摩療程。
  → 我喊Fuck！這一次，我在乎我自己，我不一定得做我該做的事。
  結果？馬殺雞的爽度爆增。＃難搞壞孩子

• 我為了組裝Ikea家具而焦頭爛額（很多人都經歷過！）。
  我有兩個選擇：先算了，等安端回來請他弄，或是請出我的創意
  來，不管那張把我搞得頭昏腦脹的說明書，直接上場。

  → 我選了第二個！於是，我得到一座搖搖晃晃、門又關不起來的
  家具，但我超愛，因為它是宇宙裡的唯一！

# 七月五日

## 蘇西－第一回

今天，我遇見蘇西，她跟死人差不多。一般來說，她對生命很有熱情，對我們很有感染力，不過今天，她不斷喃喃抱怨。這不是她平常的風格，所以我趕緊問她發生了什麼事。

「都是安德烈啦！他耍我。他幾個月前就答應帶我去跳舞，結果現在他龜縮了！還說他什麼鬼的肌腱發炎！我很不爽。我一直被這件事卡到陰，沒辦法去想其他的。」

為了幫助她放下執著，我決定跟她分享我的「Fuck it探索旅程」。我跟她說來龍去脈、前因後果、訣竅祕方、到現在我學到什麼、我還有什麼懷疑……。

我講話的時候，一邊也觀察著她，想知道她在想什麼。她有沒有覺得這個想法超棒？還是她想頒給我「宇宙大笨蛋」的獎牌咧？我看不出來。我講到一個段落，停了下來，希望得到一點她的回饋。

「好，有，我懂了……謝啦，艾莉絲，下次見！」

要嘛她根本沒聽懂我這十分鐘心得分享，要嘛她根本沒在聽，只是她太有禮貌，不想打斷我的長篇大論（而這常常發生……）。

我們分頭走。

我有點不開心。

# 七月九日

## 改變……就是現在！（好啦，至少快了）

我已經在我的工作崗位上~~他媽的~~浪費青春（好啦要有禮貌）2920天11小時23分鐘又12秒了。當然，有超多更「高雅」的說法在我腦海裡跑來跑去，但我最近開始了一個自我挑戰：少說髒話！

<u>注意喔</u>，我可沒說我的工作特別討人厭。如果跟礦工相比，我當然就變成無病呻吟只會靠妖的美眉囉。我的工作冬天有暖氣、夏天有冷氣，一點都不辛苦。我的座位離咖啡機只有幾公尺，我比同事們多一倍的休息時間只是剛好而已。大家都尊重我（除了星期二，我老闆這一天會先送女兒去她前夫家再來上班，我就變成她的本日出氣包）。職場上，我有幾個好姊妹，跟她們在一起，我可以輕鬆從事我最愛的運動：碧池高峰會！[26]

可是現在，我覺得超無聊的。

我要改變現況！問題在（對，總是有個問題在那邊！），我對改變有真真實實的厭惡。

每次開學，我一想到這個就身心癱瘓：我可能要換班級，人生因此失去了定位。

當我離開家庭這個溫暖窩，就算從此我自由了，因此享受著超多好處（好比說，吃巧克力麥片當晚餐也沒人管；想喝酒也不用躲在酒窖喝……），我老是一次又一次地焦慮、恐慌。

當克萊兒‧夏扎樂，我們的新聞天后被解僱，我心慌意亂！鐵路局隨隨便便決定要更換所有的車廂裝潢時，我如坐針氈！我

大力反對，嗆聲說再也不搭他們家的車了（嗯，好啦，直到暑假）。我好像真的是有著各種小習慣的女生！當我找到「就是這個了！」的假期景點，我絕對不會換到別的地方……我怕換到更爛的。結婚也讓我輕鬆，因為我婚後好幾年都感到安穩（雖然我知道，沒有婚姻是百分之百的庇護所）。去餐廳吃飯時，我百分之百不會冒險去點一道我沒吃過的菜……。

所有不管用哪種方法改變我日常生活的事物都讓我慌張。至於換工作，我連想都沒想過。重新開始一切，重新面對挑戰，重新認識朋友……完全不在我的考慮範疇內！這都還不包括我對自己駕馭不住新工作、讓別人失望的害怕呢！應徵工作的面試裡，我通常不是展現爆表信心的那一位，而是貶低自己的這一位。當我鼓起勇氣想像這樣的一個面試，我就覺得，最好還是他們直接試用我（好比說，我去實習個一陣子），然後，如果人資主管覺得我不賴，他們直接雇用我。「滿意，否則退貨」，這種的就對啦！啊不過，他們顯然不是這樣搞！

我看過一些傢伙去面試，對面試官提出一堆要求（包括加薪加到兩倍），我承認我羨慕他們的自信。他們是從另一個生態系進化出來的對吧？到底他們早餐都吃什麼才能長出這樣的自信、甚至淡定？他們做了什麼才讓一切都影響不了他們的心？我問了安端，但他根本連我在問什麼都聽不懂！

窩在舒適圈裡不是解決問題的好方法，這我懂。我不要一輩子躲著不出來面對，但到底要怎樣找到勇敢跟力氣去「在未知的宇宙冒險」？

我想到這些時，剛好讀到一篇記者夏維耶・巴桑談如何管理壓力的文章。他同時也是「身心靈健康計畫」的主持人。我這麼愛窮緊張、有壓力，開始讀文章的時候也就沒期待會讀到什麼有用

的。拜託，如果有人發明了對抗壓力跟焦慮的疫苗，我一定是第一個知道的！

不過這篇文章很快激起我的興趣。作者仔細敘述了一個以媽媽們為對象的科學實驗，這些媽媽都有個罹患慢性病的小孩（到這邊都不有趣，對吧）。研究員測量了這些媽媽端粒（染色體末端的一小段DNA）的長度；端粒的長度反映了她們真實的生理年齡。這些媽媽每天都很有壓力，大致上，她們擁有比一般人還短的端粒，也就是說，她們的壽命恐怕較短，也比較可能罹患慢性病。但有例外：有些媽媽的端粒還是很長！

研究員深入研究後發現了這樁奇事的原因：這些媽媽把壓力轉化成挑戰，而其他媽媽則苦於壓力、將壓力看成威脅。所以，決定壓力多寡的不是事件本身，而是她們看待事件的方法。

不過，要怎麼樣轉換我們對壓力的看法，減低壓力帶來的傷害呢？「只要」換個角度想！這純粹取決於心理層面。當然啦，我的挑戰哪能跟這些勇敢的媽媽相比，不過這篇文章帶來的消息已在我心中起了漣漪。那如果，我真的能用另一種角度看事情呢？與其把每個改變都當作威脅，為什麼不將它視為挑戰？

# 轉化我的壓力為挑戰

在投身生命的大挑戰前，
我試著給予自己日常的小挑戰。
Fuck it 挑戰，接招吧！

~~現在開始，我不再逼死自己~~

不，還是得實際一點！
我該選我做得到的挑戰！
今天，別人在地鐵出口衝向我的時候，我不要再說對不起。
明天，職場裡或私人生活中，我要拒絕至少一個請求。

我覺得自己已經像個女戰士，準備迎向不管是什麼的戰鬥……。

本日心情

SI VOUS AVEZ CRU EN Wonder Woman, PENDANT 8 ANS, VOUS POUVEZ BIEN CROIRE EN VOUS PENDANT AU MOINS 5 MINUTES

如果你曾相信《神力女超人》長達八年，你當然至少可以相信自己五分鐘！

# 七月十五日

## 給女孩的—— 荒野求生秘技

剛剛在路上，一個男的稱讚了我。一開始，我覺得還蠻可愛的倒是，就算他那些撩妹金句應該是從《愛之船》這個影集挖出來的：「喂，小水手，讓我們一起來個快樂出航。」不過，他發出的那些嘶嘶聲、噴噴聲，我就覺得大可不必。這些怪聲深深表現了這頭雄性哺乳類對女人的尊重有多少！

我覺得不必回應這種叢林風格的搭訕，於是決定直接走過去，裝出一臉無懈可擊的冷漠。當然，我還是注意到了他扔下的一句話：「隨便啦，反正妳屁股比帆船還大咧。」顯然，他對水上運動相當熱情……。

這種事其實比我們想像的還普遍（然後，終於普遍到全世界都開始討論了）。這也讓我有時候不得不思考，我們是不是活在一個敵意滿滿的宇宙、一個襲擊與侵犯就是一切的原始叢林。我們永遠不能卸下盔甲，必須隨時警戒。

一天又一天，我們面對著想把我們變成牠們的本日大餐的獅子老虎（看著我們像在看一塊肉的搭訕者）、嘶嘶吐著毒液的大蛇（某些女人），還有生活與倫理被當光光的懶惰鬼（在地鐵上從不讓位）。我一直覺得很有壓力，我不禁問自己：這正常嗎？我永遠沒辦法說聲暫停、讓自己好好休息，而這正常嗎？法蘭絲·蓋兒（RIP）那首〈抵抗〉的一段副歌啪啪啪擊中了我：

抵抗吧
證明你存在〔……〕
戰鬥吧，創造吧，頑強地活著吧

這就是我們的命運嗎？我們就這樣，生命全都浪費在沒完沒了的「抵抗」嗎？我不知道，不過，面對這些我們常常低估嚴重程度與影響層面的侵犯襲擊，我想給他吼一聲： Fuck！又大又華麗的Fuck！這就是我準備要做的，啊哈！

下一次，我再到敵意的宇宙冒險時，既然重點是擊敗敵意，我出發的時候，將會全副武裝，心理素質硬梆梆。

我決定來個超認真文獻回顧，就從熊魁爾的節目《荒野求生秘技》開始吧。我愛死這傢伙了，我跟他學到一大堆超有用的撇步。

首先，我想都沒想過的是：絕對不要沒帶荒野求生用具包就出門。

＊一雙帆布跑鞋：跟地鐵站殘酷的大迷宮宣戰。

＊一本500頁的書：讓腦也做做運動，讓俗人不敢靠近。

＊一顆iPhone專用的行動電源：讓我就算手機快沒電，也能即時為我的通勤進度即時推特：「13號線[27]又壞惹。我去他把拔咧。」

＊一片特大號Oreo餅乾：血糖過低時服用。

＊體香噴霧（不是滾珠的那種喔）：被攻擊時用來防衛自己。

＊在歌單裡準備一首凱蒂·佩芮的〈吼吼吼〉。

求生包

好，我準備好了，剩下要做的，是好好想一些我的嗆聲金句來對付各種侵犯！

• 所以，下次我安安靜靜走在路上，要從A點移動到B點時，如果又有不識相的年輕人跑來跟我不三不四，我會跟他說，要我答應他的搭訕，可以啊，如果他能跟我分析他的句子主詞、動詞、直接受詞分別在哪裡（簡直零風險）！

• 如果某天晚上，我尖峰時段下班回家，一個性愛獵人故意跑來跟我勾勾迪，與其被他對我的熱情嚇壞、掙扎著有禮貌地落跑，我會字正腔圓大聲發表意見：「先生，不好意思，我想你那根現在插到我屁股裡了。如果可以的話，請你移除它……謝謝！」

• 如果某隻鴿屬野鴿種馴化物（鴿子的意思啦！）膽敢在一個美麗的早晨撇條在我頭上，我會自在接受這個擁有新印花的扮相，提醒自己：女神卡卡也穿過牛肉做的洋裝！

• 如果我衝進地鐵車廂，有個粗魯男把我的肩膀撞到快脫臼，只為了搶下最後一席座位，好像他沒這位子活不下去似的，我會像《獅子王》裡木須龍為了從鬣狗大軍手中搶救辛巴而怒到發紅一樣，火大給他看……。 #開啟嚇人模式 #荒謬一點又如何

• 相反地，如果有人在公車上，超有禮貌想要讓座給我，因為他相信我懷孕了，而我其實只是吃了個營養豐富的早餐（就像世界衛生組織推薦的那樣！），我當然會抓住這個天賜良機，坐好坐滿啦……更何況，我真的懷孕之後，這種聖誕老公公式的奇蹟恐怕不可能會再發生。那些乘客為了不讓位，應該都會假裝沒看到我吧。

‧ 下一次，我那個男同事要是又想佔我便宜，用叫我「阿妹仔」或「小朋友」來貶低我（偏偏他自己只有160公分高），卻根本不覺得這是性別歧視，我就要叫他一個月的「小矮人」！

‧ 下一次，如果我又筋疲力盡，抱著我為了週末的玩耍行程準備的大行李箱（裡面是我衣櫃全部的家當）在地鐵樓梯底下眾目睽睽地崩潰，然後又沒人幫我，我會世界第一勇地開始攀登這座唉佛啊我累死了峰，希望某個路人看到我這樣拿自己的命開玩笑，就會可憐可憐我。啊如果沒人幫忙，我會來個快速穿衣術，讓行李箱輕一些。

‧ 最後，當一個名叫慕嬉樂什麼鬼的「美容事業體」的「形象顧問」在路上攔住我，要幫我做一個根本干我屁事的「膚質測試」，然後說我的皮膚「充滿皺紋」而且是「粉刺膚質」*，我會跟她說，她最好從我的路上滾開，如果她不想要我在她臉上也做個「膚質測試」，讓她的皮膚「充滿傷痕、膚質腫脹」的話。

很不幸，要舉例的話，說也說不完。這就是為什麼我學會總帶點幽默與自嘲喊出FUCK，來對抗生命中別人對我的冒犯。

《幽默就像雨刷，沒辦法讓雨停，

　　　　　但能讓車子繼續前進。》

——尚－路易‧傅尼葉

* 這種話總是由天生就不會有這問題的人說來傷害我。

# 七月十七日

## 健康的心靈……來自空空的衣櫃？

某個下著雨的週日下午，我們的Netflix訂閱到期了，我無意間看到一個紀錄片的預告，片名是《極簡主義：一部關於重要事物的紀錄片》。這一片的視覺效果看起來比《X檔案》的DVD封面還神祕。

我看著我的衣櫃，我的衣櫃也看著我，總而言之，我們深情對望……我對自己說，試試看又不會死，說不定還有好處咧！更何況我們的Netflix訂閱在24小時後就過期了，更應該抓緊機會給他看回本（我才剛追完一整季的《吉爾莫女孩——一年剪影》呢）。

當然啦，擁有更少、生命更好，這我早就聽說過了。我瑞典鄰居安娜整個很投入，有一次還企圖要我加入「她家的」潮流！我是覺得她應該只有3％的瑞典血統，她的真名應該是安，但她熱情發揚她的瑞典血統，非常樂在其中（連頭髮，她都染成白金色）。我覺得她這樣很可愛，還為我們這棟樓帶來一抹神祕風情！

這一天，我遇到了從樓梯上下來、拎著至少十五袋垃圾的安娜。我問她是不是要搬家。

「沒有啦，是因為我們家認為帶來幸福的並不是物質面的擁有。其實正好相反，懂我意思嗎？重要的是，要滿足於我們所擁有的！還有啊，不要老是不顧一切地想填補空虛。」

她暢談理念的同時，一本《以Lagom活出瑞典節奏》為題的書和一包Ikea食品區賣的蛋糕從其中一包垃圾掉出來。我笑了。

我才不想什麼都不知道就揮揮手離開人世，所以我開始研究這個瑞典式的幸福。反正我的研究才沒有要侷限於法語文化圈的意思。於是，我曉得了瑞典的這個lagom要談的比衣櫃多很多：lagom是一種「嘟嘟好」，一種「剛好就好」，一種「完美平衡」；是，知足常喜！馬上，這個概念召喚著我，我好喜歡這個概念……我沒有自己去找，生命就自己回歸正道！

　　今天，Netflix又來用這個「擁有更少、生命更好」的哲學引誘我了——這一次，簡直像是加了美式蕃茄醬那樣誘人——它推薦我喬舒亞‧菲爾茲‧米爾伯以及瑞安‧尼可德慕斯這兩位號稱「極簡主義者」的人拍的紀錄片，就是上面那一部——《極簡主義：一部關於重要事物的紀錄片》。30歲的時候，他們已經擁有了他們渴望的成功，也就是晉升高薪一族，這兩位麻吉決定停止結束職場的追求，專注在真正重要的事物上。

　　別小看他們這個計畫。我們不是像去加入一個網球俱樂部那樣，加入一個極簡主義俱樂部的。這是一種生活模式，要嘛你採用，要嘛全都沒有。

　　不要一直因為想填補空虛，跑去買一些根本不會讓我們比較幸福的東西；以丟掉多餘之物讓人生簡簡單單，為真正重要的事物留位置；活一個有意義的人生，滿懷熱情、追求一個目標，這就是這兩位三十幾歲的好男子鼓勵我們做的。就是：*用一個美美的計畫，讓人生簡簡單單*。我這樣想。

　　雖然我還沒準備好要跨出這麼大一步，選擇極簡主義當成我的生命模式，我還是打開了衣櫃跟壁櫥，開始分類。我丟了那些沒有散發正能量的東西，或放到「待捐贈」那堆（除了Worlds Apart這個男子團體的T恤，畢竟以後的事現在也不好說）。

老實說，丟越多我心愈輕，愈心滿意足。我覺得已經為我的鑽牛角尖找到了神奇解藥。我跟我瑞典鄰居安娜幾個月前一樣興奮。

安端似乎有點擔心，但他放手讓我做。只要啊，我別對他的球衣收藏動手就好⋯⋯。

清空了衣櫃，我有了健康的心靈，但還不只！我還得<u>清淨我的心靈！</u>

# 七月十九日

## 幸災樂禍，所以我很安心

親愛的日記：

今晚，我被我非常哲學的思索淹沒了。看到別人不幸因此感到安心，這樣政治正確嗎？

☐ 正確　　☐ 不正確　　☐ 拒答

承認吧：我們都曾因為看到鄰居遭遇了狗屎爛事＊而一整天都很開心。當然啦，我們還是會展現同情……但同時也偷偷回頭看看自己的人生，告訴自己：「呼，其實人生也沒那麼糟嘛。」

我這樣想，是不是超可恥的？不過，這方法可悲是可悲，卻蠻有效的！

我做個結論（天色開始暗了！）：這個處世哲學用的時候要節制，而且我的日常生活不是用這個當動力的。我才不是一個賤人咧。現在，晚安吧，我親愛的小日記！

＊ 我這邊指的是在生活中絆倒我們的那些狗屁倒灶、不太嚴重的爛事。

# 七月二十二日

## 蘇西、蘇西，在哪裡？

　　我有好幾週沒看到蘇西了，有點擔心。每次我聽到外面走廊有聲音，都從門上的監視孔往外看，但都不是她。安端叫我別擔心，蘇西可能只是去奧伏涅那邊她姊家玩一陣子。

## 每到夏天我要去海邊

喔吼吼吼吼吼吼吼吼爽啦！！

好啦，終於有點放假的感覺了！巴黎的店家開始放暑假（我的修鞋店要放一個半月，這真是沉重打擊，不過我也因為這樣改穿球鞋）。地鐵空蕩蕩。大家的Instagram帳戶開始貼出大量的泳池美照。我感覺很快就換我了。我急得跳來跳去。我超想趕快對著所有人PO出這個誘人的訊息、甚至還給他故意走光：我**滾出辦公室** 了！滾了！

是說，我很有資格放這個暑假。我有資格為自己慶祝我在生命追尋已經有一大進步！

幾個月成果驗收：我讀了幾本好書、發生了一些超棒的邂逅，有真人的（史諦芬和我OTA的教母）也有雲端的（喬納譚・雷曼與尚恩・艾科爾）；我試著放下執著；我創作了我的Fuck it小板；我每天晚上都倒光情緒垃圾（比我倒實體垃圾還有規律呢）；甚至呢，我覺得自己快要可以對抗我對改變的抗拒了！

是的，我，艾莉絲，到目前為止都還是舒適圈女王。用我小五老師讚美我的評語來說就是：我有在進步。

不過現在，**停**！我唯一的渴望就是給我自己、給我和安端留一些時間。我希望能好好利用這輕鬆沒負擔的時光，跟安端好好相處相處。假期有助我們製造小寶寶的計畫。我們會放鬆地曬著太陽（⋯⋯在布列塔尼）。沒什麼比這個對培養感情更讚了。

還有你，我的日記，你也可以好好享受浪花。天曉得，說不定你回來的時候，頁裡行間都灑滿海沙呢⋯⋯。

## 八月三日

### 就是這樣

親愛的日記，搞定啦，我覺得我完成旅遊規劃了！到最後，只需要一張從巴黎到瓦訥的火車票、一間布列塔尼的海灘旅館、一座私人泳池、一架用來烤香腸的鐵板烤爐，然後超級變變變！煩惱跟不爽全消失！

啊，幸福，就是這麼簡單！

總之啦，這是我在抵達美麗的大自然、享受爽快的旅行感的前三個小時裡，我所相信的。

然後，人性，或不如說**我的**人性啊，自然而然就開始作怪了，搞出一大堆跟關於旅行的問題。要烤香腸還是牛肋排？要冒著臉被曬爛的風險抹防曬係數15的防曬，還是抹那個40的，然後臉可能白得像殭屍？出發前，我到底有沒有把待辦清單寄給我的實習生？要散步還是游泳？

我得承認，跟世界級的大問題比起來，這些都是小小的疑難雜症……。

然後我就想到了我寄出的電子郵件，**滾了**，我滾出辦公室了。我告訴自己，我腦中的糾結也可以滾了。這是天賜良機！跟以前一模一樣，我面對的這一切都只跟我們的老朋友——放下執著，有關。停止吧！那想要駕馭一切的企圖。順其自然一下，又有什麼關係……。

## 駕臨未知的大地！我讓高牆倒下了

　　佛德喜克·羅培茲主持的節目《未知大地的約會》中，我最喜歡的就是走出舒適圈的主張——一個超越自我、擁抱嶄新邂逅的概念。我沒機會像薇吉妮·愛菲亞在2010年做的那樣，前往圖哈人的部落生活，但我今早還是決定在我的能力範圍內勇敢冒險。我決定自己……上市場買菜！我不帶那些保護著我的「武器」，包括智慧型手機和全罩式耳機。我就這樣出發，與在地人互動。

　　我讓平常我在後面躲著的高牆倒下了，這讓我感覺棒棒！別的不說，光是全心全意享受走去市場的這一段美麗散步，<u>直接面對著自己，不去想說要同時做些什麼有的沒的其他事</u>，就是一個讚。再也沒辦法在路上為了裝模作樣而打給某個人，也沒辦法冒著被車撞的風險回簡訊——我放下了我的手機。唯一要做的，就是全心全意地走路，在每一個當下，專注於我所做的！

奇蹟發生的所在

你的舒適圈

## 我走出我的舒適圈

**我放下武器，讓高牆倒下：**
我收好我的手機＊，我摘下我的耳機，
總之，我去除一切斬斷我跟世界連結的東西。

**我嘗試去走一條習慣以外的路：**
為了讓自己置身一場大冒險。

**我跟陌生人聊聊天：**
為了學習新知、沐浴正能量。

← 舒適圈

＊ 耐人尋味的是，這東西對我們已經不可或缺。我驚覺我的手機一直黏在我的掌中，否則我會焦慮，害
　怕自己錯過什麼重要的東西（誰知道啊，也許蜜雪兒‧歐巴馬會突然打給我，找我喝茶呢）。

# 八月十日

## 放下執著……包括妳的身體

今天，我起床氣很大。這種狀況，就算度假也會有。天空很陰，天氣很冷，我睡得很差。然後不知道為什麼，我醒來的時候想打全世界的人一巴掌（包括我自己，這蠻難坦白的）。這說來沒很政治正確，但沒辦法，就是這樣：一切都讓我不爽。我覺得我一整天都會散發負面能量。還好現在在放假，受害者不會太多……可憐的安端。如果他知道他要面對的是什麼！

忽然，老媽的聲音在我耳邊迴響：「不順利的時候，離開現場，呼吸一下新鮮空氣，妳感覺會很好的。」我不鳥她這建議十五年有了，這建議卻在今天早上強勢回歸！現在我得選擇了。兩條路在我面前展開，我就在這樣的一個人生轉捩點。

a）我卡在自己的負面情緒循環裡，讓所有靠近我、跟我接觸的人都厭煩。

b）我振作起來。我穿起那雙我為了給自己一個善意的提醒而放進行李的跑鞋，出去發洩發洩，好好跑個幾圈。

好令人驚訝啊，我選了b選項。手機在手，準備播放蕾哈娜；難以描述的穿搭（褲襪、用來遮住我扭動俏臀的超大號毛衣、用來保持低調的毛帽）──我，準備好了。為了不要讓安端在那邊講五四三，我跑出去之後才傳簡訊給他。

「去跑步了。20分鐘後回來吃早餐。」

我對自己的跑步實力很有自知之明的。所以能跑20分鐘已經是奇蹟。

安端大受震撼，回我一條幽默的簡訊：「艾莉絲，妳帳號好像被盜了。」（我們這一對啊，幽默感是一定要的啦）

轉個三圈腳踝放鬆放鬆充當熱身，我開始衝刺。我在心中回想我國中的（榮譽）體育老師香薩先生傾囊相授的指導。我穩住呼吸，盡量輕柔順暢，雖然我根本不擅長這個（8歲的時候，我因為身體僵硬得跟木頭一樣，被一門古典舞蹈課程「開除」）。跑了3分又22秒後，我被這堆原本我應該好好配合的規則搞得煩死了。

忽然，我問自己，幹嘛這麼麻煩去配合這堆嚴格的規則。難道我就不能順著我的心自由奔馳嗎？我回想起《六人行》裡的場景：菲比與瑞秋不顧一切、瘋狂奔跑。張開雙臂、迎風奔馳，放鬆肌肉、不再矜持，總而言之、要瘋要狂——這就是我渴望的！大家盯著我瞧，但事到如今，關我屁事，我差點連毛帽掉了都不管。我笑得跟國中妹子一樣！我真真正正，把自己整個打開。

我回來了。已經過了40分鐘。安端非常驚訝，簡直嚇到跌倒。這次經驗萌發了我不少信念……。

→我應該多聽聽媽媽的話。

→所有殺不死我的，都讓我更強大。在這場狂野奔馳中，我克服了自己愚蠢的恐懼、對別人目光的擔憂。對啊，Fuck，爽啦！

→幾年來，我一直嘲笑我那些用跑步來幫助自己放下執著的好姊妹。不過今天早上，我有點懂了她們激情的火燄是怎麼點燃的，一種讓思緒飛揚的情感。

→《六人行》仍然是一部偉大的生命準則指引。

　這一次的經驗也讓我下一次跟我的家庭醫師會診時驕傲自信、閃閃發光。

　當他問我：「妳有沒有在運動？」

　我會回答：「有，幾個禮拜前我有跑步。」

　你看，我為了未來，這不就從零開始了嗎？

　我跟安端會合的時候汗流浹背，也當然啦，臉跟血腥瑪琍的調酒一樣紅，但非常放鬆、不可思議地平靜自在……屬於我們兩個的一天堂堂展開。

## 渴望放膽冒險、渴望揮灑一切

正如我這幾天所做的，放假真的是敞開心胸、探索新事物、新實踐的最讚方式。放假也讓我們有時間去思索、喘息、獲得啟發。我們放假的時候，心靈更自由，隨時準備迎接全新想法！

今天晚上，我沒去追那第一千零一次的影集，反而決定投入到我的一個熱情中：聽TED的演說。還蠻巧的，我像淘金一樣淘到一檔標題很吸引我的演說：《放膽與眾不同，唯一做你自己！》珍妮佛‧維諾（一個法國－加拿大混血的企業家，「世界啊，你是誰？」計畫主持人）在她激發人心的演說中，請大家一起做件瘋癲事：你生命中喜歡做什麼，就去做！

「喜歡做什麼就去做，這就是自我實現！」這是珍妮佛她媽媽給她的超棒建議，這就是為什麼她發起了「世界啊，你是誰？」這個計畫。

說得比唱得好聽！幸好珍妮佛沒有只出一張嘴，放我們自己毫無頭緒亂弄！她引導我們，建議我們問自己四個最最基本的問題：

**你是誰？**我的力量在哪？是什麼讓我與眾不同？

**你要啥？**我想賦予生命什麼樣的意義？

**你做啥？**我想實現、為這世界貢獻什麼事業？

**怎麼做？**我如何著手進行？

我影片才看了11分又4秒，這女人馬上就給我一記警鐘。睡覺的時候，她的話仍然迴盪在我腦海，伴我進入夢鄉：

「喜歡做什麼就去做－喜歡做什麼就去做－喜歡做什麼就去做……」

雖然這害我想到，我寄給出版社的插畫根本被已讀不回，我還是相信珍妮佛的主張：我絕不放棄！

帶著滿滿的夢想，以及享受假期尾巴、找回能量元氣的堅定渴望，我沉入夢鄉。銷假上班的時候，我會揮灑一切！

放膽作夢！

# 八月二十五日

## 銷假上班，我決心無與倫比

放假回來之後，我不想馬上就回到平凡的日常生活，不想重新沉淪到壞習慣裡，或者忘了這個夏天我承諾自己的一切：活在當下，不再讓鑽牛角尖占據生活，放下執著，珍惜我擁有的，走出我的舒適圈，專注於我熱愛的東西！

我給了自己時間。

以前我根本不覺得這有必要，我總說我是個都會人，我有都會人該過的日常生活。但其實不必遙遠追尋才能傾聽自己的聲音。一個小小的儀式，說不定幾分鐘就夠了。這是我強勢回歸職場後，無與倫比的決心，今年夏天的珍貴一課。

---

### 我每天給自己一個休息時間

每天，我讓自己休息5到10分鐘。

不是拿來滑臉書或整理信箱，而是稍微歇個幾分鐘，

理性審視我的今天。

- 今天，我覺得我過度運轉了，就出去走一走，換換氣。

- 明天，如果我需要喘息，我會找個安靜的地方來冥想。

無論如何，我會讓別人無法打擾我，

我要為自己保留這段時間。

# 八月三十一日

## Fuck Fuck Fuck!

終於啊，我在路上遇見了蘇西！我跳起來，衝上去找她。她看我這麼擔心她，也很感動的樣子。

「是說您最近都在哪裡？」
「喔！我就做了您跟我講的那個啊！」

我，小心翼翼地問：

「我跟您講的那個？」
「對啊，你們年輕人的什麼鬼，那個……那個『FOUCKIT』。」

我花了整整24秒才聽懂她說的「FOUCKIT」不是一道異國美食，而是我跟她說的FUCK IT。

我請她說清楚點，她說她也試了這一道「FOUCK」（我不敢糾正她，她這個亂七八糟的發音真是太可愛了）。更具體地說，她跟安德烈說了「FOUCK」。她發了一條簡訊給他之後甩了他。簡訊裡說，如果他不移動他尊貴的屁股邀她跳舞，他就準備失去她吧，因為有超級多男人想跟她跳探戈（我是傾向認為她意思應該只是一起跳探戈而不是別的，不過既然是蘇西，真的是天曉得）。

上次我們聊天的內容改變了她的人生，我算有點尷尬，趕緊跟她說她搞錯了，不是要扔掉所有東西，更不是要放手她的感情，而是要學會放下執著，冷靜看待日常生活的小煩惱。

「啊，真的喔？好吧……隨便啦，反正對他也不是壞事。我住在天堂路上這間好迷人的小旅館。歡迎來找我玩，我會很開心的。」

　　她跟折扣季時尺碼37的高跟鞋一樣，呼一聲就消失了，說是要去上探戈課。

　　我轉述給安端聽，他笑到炸爛。我覺得根本不好笑！我，破壞了，一對七十年老情侶的感情……。

# 八月三十一日

## 永遠不滿足?

我⋯⋯太開心了。在一連串投稿嘗試都徒勞無功,接到的拒絕信讓我整個心寒後,命運終於悄悄降臨我的電子信箱!它、在、那!就在一封充滿吸引力的ASOS購物網站廣告信「艾莉絲,我們會讓您受寵若驚!」(我以前一定馬上就點進去)以及十幾封來回討論某同事發起的募款活動的信(我只跟這個同事說過不多不少五個字,是在咖啡機前,我說「有沒二十塊?」)之間!

一封信,標題是「我們見面聊聊」,寄件人是我超愛的一個編輯。我第一時間的反應是:這是幻覺,嚇不倒我的,還有我一定吃太多糖,吃到都神智不清了⋯⋯但不是。我跑去吃了幾顆堅果降低升糖指數,然後回到電腦前。信還好端端地在那裡。

我雖然信心滿滿,還是馬上覺得這大概哪裡搞錯了。這封信應該是要回給另外的人的。我還差點要回他們「收件人錯誤」,不過我清醒過來,這真的是一封寄給我的回信。

親愛的艾莉絲,

謝謝您寄給我們您的創作計畫,我們認為該計畫潛力十足。您有空親自見面聊聊嗎?

歐德・琵夐
編輯
對話框出版社

我欣喜若狂，歇斯底里！我離夢想只差一小步了。我之前做的那些都不是白做工……不過不太巧的是，我要再稍微等等才能跳我的開心圓舞曲，因為大家在等我開行銷會議呢。

我同事跟老闆從來沒看過一個人來開會的時候，掛著這麼巨大的微笑。如果他們覺得我是因為他們才開心成這樣，那很好啊，但我想的怎麼會是他們，當然是我跟出版社準備見面的事！

沒什麼能戳破我的幸福泡泡……至少大部分啦。我老闆心情不好（又是週二了，我早該多提防點），所有人都被她亂譙一通，包括我。

「艾莉絲，我怎麼沒印象有簽過妳的假單……。」

我沒發現這是陷阱，堅定地回答她：「啊？沒有，不是啊，我沒有要請假啊。」

「那就怪了！我看妳好像放假放好幾個禮拜了吧？這都反映在妳的業績上了啊。」

我氣得臉都漲紅了。我老闆超得意，我同事超尷尬，我被ＫＯ了。

地獄結束後，我回到我的座位上……連滾帶爬。我根本想不了其他事情。我咬牙切齒，剛剛的場景一遍遍在我腦海播放……。
#BOSS最奸巧

我忘了跟出版社約出來談的事。

幾小時後，我冷靜下來，發現自己還蠻荒謬的。天上掉下來一個我期待好幾年的超棒消息，我的腦袋卻忍不住一直重播我老闆的惡劣，偏偏這又是我最不該在意的，因為（一）她對我業績的批評根本沒憑沒據，（二）她沒水準的幽默感不是我的責任。但沒有用，我還是一直在想、在鑽牛角尖。

由此可見，我是個永遠不滿足的人，在生命所有面向都是。

永遠
不滿足的人.

比如說，安端跟我求婚是我最最期待的一件事。當他終於在一次長達4個小時、我差點累到掛掉的遠足後問我要不要結婚，我快樂了3秒鐘，然後我的腦子就開始煩惱下一步，計畫下一件要完成的待辦事項，思考我還沒做到什麼：*嗯，好，我們要結婚了，然後呢？哪時候要生小孩？這個精明鬼是不是試著用求婚爭取時間，好讓他不必馬上跟我生小孩？我想要小孩啊我！*

職場上，我也一樣！我全都想要！我想要一份有趣的工作，同時跟我的CDI工作一樣舒服。我一定想要做到傑出，我拒絕失敗，這就是為什麼我老闆諷刺我的話會這麼刺激我。

我朋友一直跟我講：「說到底，妳根本沒滿意過妳擁有的。」雖然承認這件事很痛苦，但她們說的還真沒錯。我對完美的渴望讓我沒辦法滿足於我擁有的這些。當我得到了我想要的，我總是又開始想，我可以擁有更好的、我可以做得更好。我不斷給自己施加壓力。我一分鐘都不讓自己休息。有時候，我不禁捫心自問，我是不是只是愛無理取鬧……但說真的，我不覺得。

好啦，我賭了！今天是我新人生的（第十二個）第一天，我將開始欣賞杯裡還有的半杯水，而不是惋嘆缺少的那半杯。我那OTA的教母唯一信仰的就是感恩；現在，是我改頭換面的完美時機。

### 啤酒還有一半，而我學會欣賞

**為了讓我進入狀況，我用心想像我剛剛得了
一個大獎，我要來練習感謝！**

● **謝謝我的編輯**，她花時間給我寶貴建議
（也謝謝她的電子信箱沒把我的信分類到垃圾郵件）。

● **謝謝我的好姊妹**，她們總是熱情傾聽我吐苦水。

● **謝謝安端**，他是如此理解我
（他今晚回家的時候準備了我的「啤食花」，
PEACE花：啤酒、食物、鮮花）

● **謝謝Ｍ６頻道**今晚重播了我最愛的一部電影，
茱莉亞·羅勃茲主演的《新娘不是我》。

*merci*

## 問題是妳怎麼看

　　身為一個一絲不苟妹，我決定跟我一個在出版業工作的大學同學先吃飯交流交流。她應該能幫我指點迷津，給我的出版社之約一些關鍵的建議。我有一千個問題想問！

　　其實約她之前，我有點猶豫；這位卡蘿小姐雖然是可愛的女生，但就是太完美了讓人討厭（你看，又來了……）。這也是我沒有積極維持我們友誼的部分原因。不過我在社交軟體上有追蹤她，尤其是她的Instagram。啊，Instagram，這真是窺看世界和別人人生的好一扇窗！我拒絕使用Instagram拒絕了好多年，我覺得如果我沒辦法把我的冰沙水果優格拍得美美的，那我幹嘛無聊弄這個。2015年的冬天，我投降了。也許因為有點無聊，或只是一時好奇……從此之後，我的人生徹底翻轉了！沒有啦，開玩笑的。我還蠻得意自己能夠保有一點自己，不那麼投入Instagram。畢竟我只有在起床、睡覺、起床睡覺前幾個小時、起床睡覺後幾個小時才會滑一下Instagram。我用Instagram主要是偷看別人的人生，比較不是要貼自己的美照，這大概也因為我連一扇門都拍不好……。

　　總之，卡蘿的Instagram是我最愛看的，也是我最討厭的。為什麼？因為她老是毫不保留，瘋狂炫耀她的幸福：她那活脫脫像從挪威影集裡抱出來的三隻金髮小朋友，每個的名字都特別又時尚（旖閣、莎夏和甌卡）、她的酷帥老公，鬍子長度總是恰到好處的五天份（我有拿他老公鬍子的相片給我家那隻看，但我家那隻留起來就是不一樣，為什麼，你知道的），還有她自己，美得渾然天成，在很讚的工作和完美的家庭間游刃有餘。啊——！她真的讓我好不爽！每次她貼一張新照片，我

就會變肥半公斤，因為我會氣到嗑掉一整片鹽味焦糖奶油巧克力。

不過呢，現在，為了讓我跟出版社的約會能夠成功，我<u>全</u>都做得出來，所以我跟卡蘿約今天吃午餐。當然啦，我有先做好準備——穿上戰鬥服（12公分的細跟高跟鞋，穿上去後我能跟她的肩膀一樣高），再準備幾個能夠好好炫耀的人生亮點：我們新買的土耳其羊毛地毯，我們最近的「親水」小旅行（就在幾公里遠的地方），當然還有我跟出版社準備見面的事。我整個鬥志高昂啊。甚至，我還事先沙盤推演：

• 我到了，點一杯冰玫瑰（冰鎮玫瑰酒）嚇嚇她（酒水能讓人隨時都開心，甚至那些最不開心的時刻也開心）。

• 我全神戒備、夾緊屁股，親切地問她最近好嗎。她炫耀她的夢幻生活時，我充耳不聞，強力引導思緒到其他事情，最好是一些快樂得讓我微笑的事（這樣我外表看起來才沒破綻）。反正我就在思緒中遨遊，不過同時也戒備著，以防我有時候冷不防必須回答「啊對，我聽到了」。

• 最痛苦的部分過去後，換她問我最近怎樣（如果她不問，那就太失禮了吧？）。這樣的話，我至少有一小時能談我自己。

→ 這計畫也太完美⋯⋯。

結果所有事情都跟預料不同。我見到她的時候差點認不出她。她穿著球鞋牛仔褲還素顏，頭髮亂亂亂（有可能只是因為她跟隨艾莉西亞·凱斯引領的素顏潮流還有no-poo停用洗髮精的時尚）。

我不習慣她這麼隨性不羈。我坐到她身邊，我們看了看菜單……她忽然哭了出來，喃喃自語：

「什麼都不對了，連他們都不做鮮蝦燉飯了……。」

根據我厲害詳盡的分析，我懂她崩潰成這樣一定不只是因為吃不到蝦所以沮喪。我有點尷尬地問她怎麼了嗎？她抽抽噎噎想要解釋，我卻只聽到含糊的幾個字：

「……空掉了……什麼都不想做……全都不想要了。」

我，很靈敏細膩呢。馬上，我就懂了這女人過得不好，我應該幫幫她。我讓她靜一靜，然後問她哪裡有困難。她的回答又簡單又清楚：

「全部。」

她繼續說。

「我覺得我被自己的人生關起來了。我不是在生活，而是在受苦受難。每一週都是一模一樣的地獄循環：我管理小孩，管理他們的活動、他們的作業，我還有自己的工作，行政的雜事。我說『管理』是因為我退無可退，一定要做。我覺得自己不再是一個媽媽了，反而變成舍監，耐心跟感動慢慢消失。上班的時候，萬一我因為小朋友生病了必須提早走，那就是戰爭了。同事什麼都不跟我說，但我早就感覺到他們看我的眼神。所以，要嘛我因為沒辦法陪生病的小朋友而有罪惡感，要嘛我因為工作做不好而有罪惡感。總之，這是他們給我的感覺。我剩下一點點跟保羅一起過的時間，我們又常常吵架，因為他覺得我『不瀟灑』，或類似的白目的話。我有試過跟他說我真的不行了。我說，我的腦袋已經變成一串超長的待辦清單，沒有空間留給我們兩個了，他聽

不懂。他只會說要幫我忙，但我感覺變成是我在求他幫忙，這讓我更不開心。所以我全部自己來。結果現在，我不行了！我不行了！我整個人空掉了。我把自己全部給了這個家，還覺得永遠給得不夠。對不起……妳一定不想聽這個吧……。」

一時之間，我不知道怎麼回話。她不是第一個在我面前崩潰成這樣的好姊妹。雖然我還無法親自體驗（我還差她三個金髮小孩），我懂，我漸漸能感同身受，隨著年復一年時間流逝，隨著我感受到日常生活的重量，感受到每星期都要面對的，管理各種行程的疲勞。說到行程……不說我都忘了，我還要約診婦產科醫師呢！難怪我忽然焦慮起來……。

重點在：我們的心靈負擔。我不覺得聊一聊這個問題（對，我覺得這已經是個問題！）就能讓問題消失，但說清楚問題在哪是第一步。怎麼減輕負擔？我也是為了這個才開始寫這本日記的，為了找到重新找回生命輕盈的道路、祕方。

當下，卡蘿最需要的是傾聽，是一個認真聽她說，理解她，不亂下價值判斷的人。她須要覺得不再孤單，不再沒人理解她。所以，雖然這跟我一開始計畫的相反，我還是跟她分享了一長串我的挫折，職場的、私人的。我說了我花了很多時間的做人計畫以及它讓我與安端間產生了距離。我說了我因為不敢放膽去闖，至今還只是夢想的生涯渴望。

她重拾笑容。不是因為她幸災樂禍（我故意誇大我的困難來讓她更容易好過一點），是因為我們卸下了面具與心防。不用再假裝活得很絢麗，我們的人生只屬於我們，它充滿歡笑與勝利，而並不只是……不過至少，我們的友情有了深刻的連結，我很確定，它將浴火重生！

這個故事告訴我們：不要再一天到晚幻想外國的月亮比較圓。

我跟卡蘿分享了有一次我遇到嚴重問題時，我朋友蘇菲教我的
工具：艾森豪矩。

這個化繁為簡、樸實無華的小圖解為我管理事情優先順序的方
法帶來一場小革命，讓我能以事情的緊急、重要程度來分類我的
任務。這個厲害的小工具讓我能來個日常生活的大掃除，還可以
找出有哪些任務可以交給別人辦就好！

## 為我的任務排定優先順序

我在矩陣中把佔據
我思緒的任務一個一個
放進它們的位置

```
              + ↑  重要
          A   |   B        + 緊急
       ― ―――――+―――――→
          C   |   D
              |
              - 
```

A. **不緊急但重要的任務**
　　（辦一場姊妹派對）

B. **緊急而且重要的任務**
　　（明天要交的工作報告）

C. **不緊急又不重要的任務**
　　（買一條新的窄版牛仔褲）

D. **緊急但不重要的任務**
　　（報名拳擊有氧課）

## 第五次OTA聚會：高峰會

我的OTA教母發了簡訊給我，要我去參加收假開工的OTA聚會，我屈服了。她說，這「事關生死」，完全激起了我的興趣！她也說，這一次聚會將改變我的人生！像所有嚴肅看待事物的腦力勞動份子一樣，我總覺得我可以做得更好，改善這個或那個，所以我怎麼可以錯過這個好消息呢。

到現場後，我詢問別人，試著搞懂我們現在在幹什麼。

「今天呢，我為你們帶來一位你們很熟，甚至太熟了的人！」

一瞬間，我好像被傳送到了《真相只有一個》的現場。這個楓丹與巴泰兩位先生在千禧第一個十年共同主持的經典實境秀設計得簡直絕妙。每場秀中，我們邀請一位與我們的來賓已經失聯的人站在布幕後面，然後主持人詢問這位來賓，要不要掀開布幕。我完全沉浸在這檔節目的回憶中，不禁大喊出來：「掀，史諦芬，我掀！」

沒人回應我。史諦芬繼續說了下去。有時候我就想，這傢伙是不是都沒在聽人說話。

「所以啦，今天我會介紹一位你們都很熟的人。我現在跟你們說話的時候，她已經來了，跟你們在一起。她不會離開你們了，會在日常生活中一直陪著你們。」

這一次呢，我們則像在《電視問答冠軍》這個秀裡面。我保持沉默，就為了知道到底這萬眾期待的傢伙是誰。

史諦芬以嚴肅的嗓音宣布：

「這位來賓呢，是 **罪惡感**！是的沒錯，完全正確，它就在你們每個人的心中，化為一道小聲音，命令你們要做這個、不做那個，讓你們開始反覆亂想、鑽牛角尖。」

這有點轉太硬了，我覺得。不過，這老帥哥倒說得蠻對的（我好像忘了提說史諦芬長得蠻帥的，這是我來參加OTA聚會的第二大動力）。

他開始跟我們細說從頭這個常常污染我們的心的小小聲音。要對抗它的話，最好每個人都自己挑自己的武器。有些人須要把它畫出來、「賦予它生命」，有點像我們畫一個漫畫角色那樣，然後才能更有效率地對抗它。對抗有形的東西總是比對抗無形的東西簡單。每個人要找到適合自己的方式，畢竟一種方式對某個人有效，另一個人卻不一定有感覺。

我呢，我是「以別人的情況自我安慰」小天后，所以我決定使用一個我叫作「所有人都可能會……」的武器。

要領：列出日常生活中，我做了什麼事讓自己產生罪惡感，讓我責怪自己好幾個小時，不停鑽牛角尖。然後，在句子的最前面加上「所有人都可能會」。因為，所有人真的常常會這樣沒錯！明白了大家都半斤八兩，我就能緩和心情。

我超想趕快回家製作我這個「所有人都可能會」的清單！我熱情感謝我的教母催我來參加這次聚會……

罪惡感

## 所有人都可能會……

**把鄰居的名字交給快遞公司，**
**讓他代收一個週六早上8點到貨的包裹**

他是一個體貼的人，等到11點才來敲妳的門，

轉交妳那貴重無比的包裹……。

**＃鄰居節**[28]

**在黑暗中尿尿**，因為六個月來大家找不到動力
（也找不到板凳）去換廁所的燈泡。

**為個人檔案挑一張超級騙照……**
一張高中時期的相片。妳很幸運，打褶洋裝又流行起來了！

**逃之夭夭**，因為同一棟公寓裡的人瑞阿嬤，
幽默風趣的奧黛特，以她最敏捷的速度向妳走來。

拿掉兩三行待辦事項，**然後加上六行！**
<u>親愛的，一場遊戲一場夢！</u>

吃掉一整包Smarties巧克力豆。而妳之前刻意不吃麥當勞的點心來減
肥！**＃才沒那麼蠢咧**

**假裝**這週末去了兩場展覽，上了一堂瑜珈，
還精心改良了冰沙水果優格的食譜……但其實只是懶在電視機前，
欣賞《鑽石求千金》2014、2015、2016年的重播。

**跟新來的實習生吹噓自己**。開示她生命運轉的法則，
因為妳無所不知，妳曾經滄桑漂泊，
看遍人間事。把自己演成一個大姐頭。　　**＃夜郎自大**

**從髒衣籃的最下面撿回一件洋裝穿，**
因為妳今天非穿它不可！

聽到別人說妳愈來愈像妳媽媽了。**＃渾身散發媽媽味**

**跟男朋友吹牛**說曾經有陌生人在路上跟妳求婚，
但其實他只是問妳現在幾點。

罪惡感

# 九月十二日

## 活到老……幸福到老！

　　為了拯救一場偉大的愛情，我沒事先約好就去旅館探望蘇西。她看到是我，好像有點失望，不過還是把我請進了她那……前所未有的風情萬種的客房。她簡單快速地跟我說——我直接引用她說的——我不必「管別人家的鳥事」，所有事都往好的方向發展。她謝謝我為她做的一切，然後紮紮實實地把我攆了出去，再悄悄跟我說：她在等她的伴侶。

　　我真的崩潰了！她多年的感情就這樣被一次大膽的嘗試給毀了。我內疚滿滿地走向電梯，聽見了男人走近的腳步聲。我靈光一閃，被《即刻救援1》、《即刻救援2》、《即刻救援3》啟發了，就閃到隔壁走廊躲著。一開始，我認不太出來那是誰，不過那如假包換是安德烈，她永恆的老公甜心。這位老公甜心走向她的客房，手上拿著一束巨大的鮮花，然後把她激情抱緊緊。

　　幾週後，她搬回家裡。她特別感謝我，讓她有機會在生命中來上這麼一場最美麗的大出軌！

永遠年輕

## 九月十五日

### 放下對別人的執著

蘇西這段故事讓我反省⋯⋯如果我真的跟我幾個月前寫的一樣，嫁給一隻蟾蜍，那我老公一定也娶了一隻青蛙。我跟他都不完美，而且，相處的時間愈長，我們彼此的小缺點就愈明顯。剛剛交往的時候，我們還算克制，覺得對方的小怪癖可愛又迷人，但一段時間後⋯⋯這些鬼缺點讓我們失去理智，**失、去、理、智！**

每天晚上，我因為一些爛事要跟他相討債幾次啊！簡直變成反射動作了。我一下班搭車就開始想要怎麼講他，我回到家，根本還沒進門就開始咕噥說家裡亂七八糟，然後進門親自檢查，果然亂七八糟。接下來我只要找個把柄，一個發作的藉口，然後砰！開戰啦！

這邊我舉個例，這是我們其中一次高峰會的摘錄：

「來，你就是不想把你那臺電動收好就對了，我剛剛腳絆到線，差點摔斷骨頭。」

誇飾法是這種爭吵的重點。

「好啦，好啦，妳還好嗎，對不起。」

他沒什麼反應，我很失望。所以我給他來一個閃電突擊；如果我想吵更大，一個不夠，就給他來兩個。

「欸欸，我們不是15歲中二生耶！我也不是你媽，還要跟在你後面把屎把尿！」
「好了啦！關我媽什麼事？我說我會收。妳不要在那邊鬧！」
「啥？什麼我在那邊鬧！」

之類的。
之類的。
之類的。
之類的。

如果我真的想要斤斤計較到底，我甚至會給他看我用iPhone拍的，他東西亂放的<u>證據全集</u>。這種證據我當然超級多！

以上就是我們不時起的衝突，沒重點又沒意義的爭吵，沒辦法讓我們兩個有所收穫，卻讓我們就這樣掉進了這不美麗、有如丑角的無聊對話中。

我問自己，為什麼對這些小瑣事放下執著就是這麼難，偏偏這些爛事對我們的感情這麼有害。今天，我比以前任何時候更想找到解決方法！

要能放下對自己的執著，我也許要先能放下對別人的執著。我沒有要變成極端的「我不在乎主義者」，什麼東西都放他亂搞（他亂丟在門口櫃子上的零錢我每次看都像在挑釁我。像這個我絕不讓步），但我想稍微退一步，為了他、為了我……為了我們……。

另外，有時候我們以為的大問題，用個簡簡單單的必殺技就解決了。自從買了個附抽屜的櫥櫃放在門口，然後把那個抽屜像頒獎一樣頒給我家男人後，我就再也沒看過零錢亂丟。至於他嫌我把浴室搞得亂七八糟這件事，則要感謝由國寶級北歐人（＃ikea也瘋狂）提供的收納櫃，讓我們找回了內在的平靜。

我也想到了我公司的一場培訓，主題是「親切管理術」。它有一大部分是在講如何做出建設性批評。我啊，滿懷善意與熱情，不想讓我們倆的感情被侵蝕，而使我們被日常生活的瑣碎煩惱弄到奄奄一息；所以，我決定<u>在私人生活中，也運用一下這個「親切管理術」</u>。

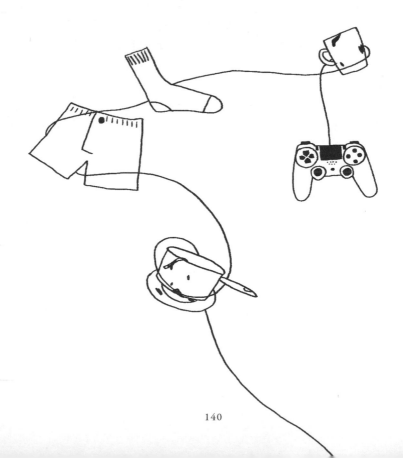

# 受夠了？

### 我給出建設性批評！

### 我問自己，這個批評合理嗎？ 合理。

### 我準備「溫柔地」表達自己，同時確定我有好好挑選時機。
好比說，如果對方是夜貓子，我就不要早上8點去跟他吵架。

### 我以正面的角度切入：
「我知道你齁，就是很有創意的人啦（暗示他東西亂扔），但你要知道，最
近流行的是極簡主義⋯⋯。」

### 我試著巧妙地傳達訊息：
我用甜蜜蜜的嗓音說話，留意我的肢體語言是不是夠熱情。

### 傳達訊息時，我加上論證：
我大量使用「因為」、「是的，不過」⋯⋯。

### 我承認我自己也不是都沒做錯：
「我知道我亂放燙髮棒的時候你也很煩。」
（小提醒：有些人頭髮很捲，用燙髮棒來燙直；
有些人頭髮跟稻草一樣直，
所以用盡一切可能手段來讓頭髮蓬一點）

### 最後，我不是只顧批評，
### 我提出檢討改進的方向：
請參考：之前提過的小收納櫃，
或其他幫我們勇敢面對問題的解決方法。

純鮮奶油製論點

甜蜜蜜的話

　　這應該能讓我們的對話以「豐滿」的、《史密斯任務》式的交
流作結。＃小布阿裘離婚快樂

# 九月二十四日

## 終於跟編輯見面

　　就是今天！大日子來啦！不是《不可能的任務7》要出了，也不是克勞狄·琵也洛的品牌私人展售會，都不是！比這些都更厲害！

　　今天，我的人生有可能會有大變動。我命運往哪裡去，就靠這一天了（我盡量讓自己沒有壓力……哈，哈，哈。）

　　今天，是我跟對話框出版社的編輯見面的日子。

　　一半的我超緊張，另一半則超興奮。我跟我朋友卡蘿通了電話，她給了我些指點，建議我問編輯幾個問題：預計何時出版？版稅大約多少？版稅會預付一部分嗎？總之，就一些我跟這個我夢寐以求的工作領域的從業人員該討論到的東西。

　　我下午2點半跟編輯約在格蘭大道。幾個月前開始，我那控制狂的一面逼我遵守一個我叫作「提早半小時」的禮儀，讓我預先提防地鐵可能的故障、可疑包裹、或是彗星即將撞地球造成的奔放人潮（熱愛災難電影　＃W9頻道　＃D8頻道）。這一次，我決定活得危險一點，提早15分鐘出發就好！＃我超狂

　　即便如此，這還是讓我剛剛好能在公園裡坐一下，再次練習我們在OTA聚會上體驗過的心率和諧練習。

為了讓我不要計時計到昏頭轉向，我下載了一個APP，這APP還加碼讓我能在浪濤聲中冥想。這旋律讓我憶起在諾曼地表哥家度過的漫長夏天，一段對我來說永遠是幸福與快樂的同義詞的美好時光。這讓我感到平靜，感到被撫慰，讓我能振作起來。完美！

最後一回的浪濤聲結束，時間也差不多了。我甚至還得跑起來，我把自己搞到遲到了……。

然後，是在出版社大廳的、二十幾分鐘的等待。這讓我血壓又升高了一點。我偷偷向掌心吹氣，讓我待會跟編輯握手的時候不會滑掉。然後一瞬間，事情一件接著一件發生：編輯抵達接待處，我們搭電梯，我們穿過一間間辦公室（我很享受這一刻，這是屬於我的迪士尼樂園），然後對談開始：

**編輯**：「我們很喜歡您的計畫呢，很新鮮、很時尚、很好玩！」

**我**（試著不要微笑得太誇張，讓她以為我顏面痙攣）：「真的太謝謝您了！」

**編輯**：「很不巧……（不巧……是在不巧什麼？！）您的計畫目前並不符合我們的出版路線。不過您真的是有才華，我們很有興趣！這就是為什麼我們想跟您見面聊聊。」

**我**（試著維持表情，雖然心已碎）：「啊，這樣啊！我了解了……。」

然後，她花了十分鐘解釋她們的出版路線、她們偏好的題材、她們涉獵的主題。

**編輯**：「好啦，這樣您就清楚了。如果、如果啊，您有符合我們需求的計畫，我們迫不及待想參詳參詳呢。」

我很有禮貌地謝謝她，然後帶著女拳士莎拉·烏哈穆尼般的尊嚴打道回府。

莎拉沒有取得2012年奧運的參賽資格，但她曉得，她將贏得其他戰役（就像她2016年奧運生猛火熱地努力。讚啦，莎拉！）我的心徹底被擊碎了。她幾句話就粉碎了我的希望。

我已經準備要做那些平常我遇到類似狀況會做的事了，也就是打電話給馬麻，給我親愛又溫柔的安端甜心，給我姊，給我的好麻吉，總之，打給我通訊錄的所有人抱怨這煩悶操勞、沒有彩蛋的人生。但，就在我拿起手機的那一刻，我抬起眼睛，發現我站在一塊巨大的Apple廣告之前。一瞬間，Think Different（不同凡想）這一個TBWA廣告公司在1997年為蘋果創作的口號在我心中迴響。它要傳達的訊息非常清楚（至少對我來說）：我必須回到欣賞剩下半杯酒的堅定決心，讓自己別再沉淪到負面思考的模式裡。

我決定尊重自己的承諾，找出這樣的情況存在的正能量。至少至少，我剛剛去了一間很棒的出版社談過了，她們跟我說我很有才華，她們想看看我其他的作品。多麼棒的契機！

　　謝謝賈伯斯從你在的那個地方傳遞訊息給我，讓我走回到對的路上！

契機

## 救命啊，倦怠期來了……我接受

最近我很少寫日記，因為我心中的火熄了。動力沒了。我來到了倦怠期。

最後，我懂了，我必須接受自己不是時時刻刻都很好。我不可能一天24小時都元氣十足。我該接受自己的陰暗面，再說，好像有個叫亞里斯多德的傢伙已經在一段時間之前一語道破我的思考：「幸福並不是一切都很完美。幸福是：<u>決定眼光放遠，超越那些不完美</u>。」我把它俗俗地<u>翻</u>譯成「你只會活一次」……。

有些晚上我暱稱為「我的崩壞之夜」，在這些晚上，我給自己情緒跌到最底的權利（甚至機會）。忽如其來的倦怠、過得很差的一天、接踵而至的壞消息（大家都知道，壞消息老是成群結隊），或就只是一種普遍的厭倦，當我被這樣的惡性循環困住，有時我會決定不要去對抗，就讓自己墜落。

一天之中，我有80%的想法都是負面的！嚇死人，齁？如果我變成《陰屍路》中的米瓊恩，想一個個把它們幹掉，那就像我老媽說的一樣，「永遠到不了的啦」。我於是決定接受我的情緒，就好像我們被浪捲走的時候，要是想回到水面，那最好隨波逐流；萬一我們抵抗，恐怕會溺水的。

## 學習接受我的負面情緒

### 不做無謂掙扎，不為自己現在的狀況生氣
我因為自己生氣而生氣，這是我的特色……。

### 我分析情緒的起因

### 我在悲傷嗎？我在生氣嗎？我在害怕什麼嗎？
細細思考之後，我會說我只是愛抱怨。謝啦，日常生活中的小煩惱！

### 我冷靜拉開距離，把自己保護起來
這就顯示出我下面列出的「成份」有多重要。

這是屬於我的小絕招：**讓自己隨性沉沒，是為了重新浮上水面！**

今晚，所有失控的要素（我月經來了、我們的招牌芳香產品業績下滑、家裡漏水、要繳稅了……）都湊齊了，一個「崩壞之夜」就要登場。我給自己這麼一個小確幸。

一個「崩壞之夜」的成份很簡單，簡直跟超好吃巧克力蛋糕的食譜一樣簡單。

**我大吃：**我精心製作元氣球。這是我的好朋友，熟食店老闆克蘿葉的超級食譜（給自己的小筆記：朋友圈中一定要有一位熟食店老闆）。

147

## 元氣球，30 顆份

燕麥片：50 克
碎杏仁：50 克
乾杏桃：100 克
糖煮蘋果：60 克
椰子肉：15 克
芝麻：15 克

用文火煮蘋果收乾它的汁，
然後壓碎蘋果做成細緻的蘋果泥。
焙炒燕麥片跟碎杏仁。
把杏桃跟一些蘋果泥、
碎杏仁與燕麥片一起壓碎。
用手掌搓出直徑2公分的小球（不要太大顆）。
讓小球們在椰肉和芝麻中
沾一沾滾一滾，然後冰到冰箱。

## 然後我再加碼：

━ 一公升酒精飲料……不一定要**只穿內褲醉** —— 這是個也來自北歐（這一次是芬蘭）的超讚風潮，是要人在自家的沙發上喝到翻掉。啊啊啊，這些北歐佬！他們就是有辦法讓一個崩壞的行為有酷酷的感覺，甚至變成潮流！

━ 一兩部我們就算被酷刑伺候，也不會承認人生中曾經看過的電影。

━ 一個專用播放清單：男團NTM的整張專輯！

━ 一套戰鬥服（所有成份有90%是棉或萊卡纖維的衣服）。我會選一套寬鬆的衣服，這樣我就不會因為看見自己隨著夜晚流逝逐漸發胖而感到罪惡。

好，我準備好要迎接巨浪，讓自己隨性沉沒了。我獨自一人：這絕不能弄成睡衣趴踢，雖然組成方式差不多。屬於我的崩壞之夜，我咕噥，我抱怨，我詛譙壞運氣……都是自己一人完成。

現在只差挑一部陪伴我整個崩壞小旅行的電影了。

我滑過我全部的Netflix典藏，沒什麼想法，此時一個誘人的片名吸引了我：《男女生了沒》，卡司超夢幻的，凱瑟琳·海格主演。要知道十五年來，每次我的崩壞之夜，這個凱瑟琳沒讓我失望過，**從來沒有**。

從眼睜睜看著好姊妹一個個走入婚姻的敗犬女王，到撫養著已故友人的寶寶的三十幾歲無憂無慮女子，她總讓我在最魯蛇的時刻覺得自己不孤單。

所以啦，就開始欣賞這部還好而已的浪漫愛情喜劇；至少它幫我重新整理思緒。

　　忽然，神奇的事發生了，從來沒在這種崩壞之夜發生過的事竟然發生了：艾比，凱瑟琳飾演的女主角，對著我的臉劈來一個訊息！她在一段平凡的對白中說出這話有點離題，不過我馬上懂了她所說的。這些話將永遠改變我的人生：

　　「我正面看著混亂，然後對混亂說：幹！」

　　這個我不期不待，根本沒有目標的崩壞之夜，沒讓我像抹香鯨一樣沉下去，卻在最後傳遞給我最最深刻的訊息。這訊息將變成我新的幹字真言裡，最猛最狂的一句：

混亂啊，幹！

## 這天，我相信自己找到了所有煩惱的解藥

這天也是，我發現啤酒杯底
住著幸福的一天！

　　給自己的小筆記：**翻翻**先前的日記，我發現我之前常常請酒精幫幫我，酒精變成發洩管道或是減壓的方式。但我非常清楚，這都是治標不治本……我當然會提醒自己，所有物質的濫用對健康（以及我的品格）都是危險的。

# 十月二十二日

## 對十月十六日宣言的勘誤

（這天，我相信自己找到了所有煩惱的解藥）……但其實沒有……喔其實可能有！

我接下來要發表的宣言可能會嚇到一些人，我先說個不好意思。我跟我的姊妹淘有個傳統：我們週五下班後會聚在一起，為那個星期做一個完美結束，我們暢談我們的開心與失落……這區區幾個小時對我來說跟去心理諮商一樣有效（而且還比較便宜，雖然說我們到最後常常都快刷爆我們的卡）。無論發生什麼事，我笑，我哭，人生不就如此……真實（歐尚超市的口號）。

這個幸福的、放下執著的時刻裡，常有酒精相伴。我們什麼都喝，這是一定要的！管他哪個季節，沒什麼能阻止我們，我們從夏日的莫吉托特調一路喝到冬天的蘭姆特調，眉頭皺都不皺一下。但結果這一次，我因為偏頭痛，什麼酒都沒辦法喝，卻有了最最驚人的發現。

我們的小聚快結束了 (差不多是晚上11點49分)，我卻一滴酒都還沒喝。不過，出乎意料的是，我卻發現我仍然跟以往有喝的時候一樣，感到完滿安詳。我覺得輕飄飄的，我掏心掏肺分享感覺，最重要的是，我終於能輕、鬆、看、待日常的那些小煩惱。

放下執著的祕方，難道就是退一步看，海闊天空？難道就是理性衡量事物重要與否？反正呢，這就是每週五我的姊妹淘們幫我做到的，這讓我能重新找回（幾乎）自由的心靈，去享受美好的週末！想來想去，我為什麼不試著在日常生活也這樣做？

# 反正最壞也不過……

**我條列出我的害怕、我的煩惱，
然後我寫下最壞的狀況會發生什麼。**

**我怕** 萬一我換工作，我會達不到該有的水準。
**最壞的狀況會發生什麼嚴重的事？** 就算萬事起頭難，
我會慢慢學習的，發展我的能力。

**我怕**

**最壞的狀況會發生什麼嚴重的事？**

**我怕**

**最壞的狀況會發生什麼嚴重的事？**

PRISES DE TÊTE    SOUCI    PEUR

煩惱　　　　　　　　　　憂慮　　　　　　　　害怕

# 十月二十四日

新手爸媽
的責任

## 找回失去的無憂無慮

　　今天，我們辦了小酒會歡送我同事娜荻亞，她要放產假了。她感覺隨時都有可能要生。我每次經過影印室都鬆一口氣，暗暗慶幸她沒在裡面分娩。剛剛，她終於暫時揮別我們：她可以全心全意當個新手媽媽了（我還不太清楚新手媽媽究竟要幹嘛）。我有很多原因羨慕她：當然因為她懷了寶寶，另外，也因為她能暫時離開公司好幾個月。

　　結果，她的暫別派對，立馬充滿了準媽媽派對的氛圍。所有的對話都繞著這個未來的嬰兒打轉。我想跟她們說：「欸欸欸夠了吧！她說不定不想只聊這個啊，我們不妨談談時事啊也不錯，好比說南極的冰塊正在融化……。」結果沒有。娜荻亞感覺超開心的。她跟她的子宮一起活著、一起超自然震動。她跟我們這些聽眾分享她買了哪輛嬰兒車（Yoyo牌的，附新生兒用品懶人包），她會選擇怎樣的嬰兒副食品，還有她的「幸福母乳餵養」小祕方（從美國流行過來的）。我覺得聊這些有點太私密了，不過大家好像都超興奮的（我的女同事們，當然啦，不過也包括我們的國中實習生呂克，他發現了人生的新大陸）。

　　然後是聊怎麼帶小孩的冗長討論：幼兒園一位難求啊，大家都怎樣走後門才讓小孩入學啊，值得信賴的保母超級難找的啊，可能會跟說好要共享育兒資源的其他新手寶寶家庭起衝突啊……。

我聽到開始頭昏眼花。養小孩根本不像喝香檳啊，這比較是喝沒酒精騙小孩的香波迷氣泡果汁吧（他們一直誘騙我們說這是香檳的絕佳替代品，結果根本是個大陰謀）。噢不，我真的焦慮到爆。我心知肚明小孩會帶來一堆責任，但根據這些媽媽的說法，養寶寶根本是戰士才有的偉大旅程，每分每秒都在戰鬥。更直白地說：一場惡夢……我根本沒有心理準備、良好裝備、教育訓練來面對這些。到底我們在學校學分析訊號週期和把光解剖成光子有什麼鬼意義？應該要讓我們學好怎麼養寶寶才對啊！我內在的小聲音試著讓我冷靜：*放輕鬆，小姐，妳沒懷孕*。啊如果有一天我真的中了，我有足夠的準備嗎？所有的事情感覺都超難搞。要怎樣才能不辱使命？眼中的人跟東西開始模糊搖晃。娜荻亞看我搖搖晃晃，趕緊把她的椅子讓給我坐。

　　「怎麼了？還好嗎？」

　　「還好還好，好像頭有點燙……。」

　　至於我的內心，早就一團亂。我不由自主瘋狂懷念往日時光。我坐上時光機，回到我的少女時代，回想在我爸媽那一代和我這代間，究竟發生了什麼事。是我年輕的時候沒注意過，還是我爸媽他們真的沒有跟我們一樣，這麼操心子女的教育？

　　我在此借用夏爾·阿茲納弗的那首歌來「跟你們談一談一個現在二十歲以下的人並不認識的時代」……。

　　**我還小的時候**，大家根本不在乎有沒有最潮的嬰兒車；每個小朋友都有一臺就已經很棒了。我沒在裝窮喔。

**我還小的時候**，我們的玩具是優格的空盒子，就已經好喜歡好喜歡。

**我還小的時候**，我爸媽可沒有在商品架前站上二十分鐘研究食品標籤，來知道我要吃的東西「是不是垃圾」。

**我還小的時候**，可以一個夏天重看十五次《丁丁歷險記・綠寶石失竊案》，每次都津津有味。我根本不須要每天都有新的影集、漫畫，或是電影。

我問了我媽，她馬上就懂了我指的是什麼。她看我姊養小孩的方法不順眼的時候，也常常出來說話。她尊重每個人的選擇，但我知道她心內彈琵琶。我問她當時她怎麼做決定的，為什麼她們那個世代感覺這麼瀟灑。她只回答我，當年她們比我們天不怕地不怕多了，壓力沒我們這麼大。我想她說得對。

我可不想怕東怕西地養大孩子。我可不想在那邊害怕他沒辦法唸個好幼兒園，他什麼鬼都好的遠大前程就毀了；我不想在那邊害怕他太外向（或是不夠外向）；我不想在那邊害怕他每天早餐都吃得很開心的麥片會不會陷入第無數次的食安醜聞……我的恐懼難道能讓我避免問題發生嗎？

當然啦，我一定會以各種理由擔心我的女兒或兒子的，當爸媽不就這樣？但也不能讓恐懼綁架、侵犯我的生活。說的比做的簡單，我知道……。

<u>我想承諾自己</u>，就算很難，我還是要試著放下這種執著，至於怎麼放下，好像只有我媽媽那一代知道祕密，她們啟發了我。

1991年年度最佳玩具

# 十月二十九日

「不」，是嶄新的「好」……

　　我是一個對什麼都說好的人（除了萬一有人膽敢在週五晚上，《花邊教主》最後一集要播的時候請我幫他搬家。拜託，別太超過好嗎）。為什麼？因為我害怕讓人失望，害怕讓我自己失望，害怕讓自己發現自己（又一次）無法達到該有的水準。總而言之，害怕變成沒有用的人。我一定不是唯一一個染上這症頭的人。我還想過要發起一個爛好人聯誼會呢。每逢週一，我們就坐到一大盤壽司前面（為什麼是壽司咧？我不知道。）學著說：不。喊聲：幹！好啦不過，我是還沒真的投入時間去做這個啦。不過呢，就在10月29號的今天，我的靈感全面啟動了，或者說我念念已久的動力又回來了——就在我看《大草原之家》這個我人生的心海羅盤，第73次重播的時候。

　　這一集裡，內莉‧歐勒森又壞又放肆，令人印象深刻。顯然，我不可能去學她變成人渣，也不需要太超過的「賤人療法」，不過我當然可以效法她的某些特質。我不是說她的緞帶蝴蝶結跟褶紋洋裝，而是她面對同儕，天不怕地不怕的態度。某種程度說來，內莉的一舉一動都展現了何謂決心，她行動，可不只是為了取悅同儕（這點倒不必懷疑！）。

　　這讓我沉入了思索之中。我難道不應該更有自信一點嗎？內莉啟發了我，我決心滿滿……所以，工作的時候，我體驗了「拒絕療法」的力量。跟我們以為的不同：說不，不代表我們很弱。甚至剛好相反！幾百年來，偉大人物致力於說不：甘地向暴力說不，羅莎‧帕克斯向種族歧視說不，西蒙娜‧薇依向性別歧視說不！另一方面，賈伯斯向大部分的產品線說不，專注在少數創新上（他可以說真的很有遠見）。在八〇年代的天才電影《嬰兒炸彈》中，黛安‧基頓飾演的潔茜也說

了不，或不如說，她說的是：Fuck。她拒絕了在紐約的遠大前程，選擇了她的家庭生活與創業計畫。

所有這些「不」都洋溢著心理素質的巨大威力，是一種真真切切的決心，一種做決定、下好離手、選擇了就堅持下去的能力。還有什麼比這個更珍貴？

這些「不」，也許正是嶄新的「好」……。

我在我力所能及之處，怯怯地，開始練習說不。當我同事問我能不能在傍晚6點跟他會合，幫忙做份資料，我跟他說我沒辦法馬上抽身。因為，我有我自己的優先順序，有自己的美好一仗要打。他一定嚇到了，不過我跟自己說，說不定這樣對他才好。這讓他有機會證明自己一個人也辦得到。再不然，至少我拒絕他，實習生就能去幫他，秀一下自己的能力。

如今，我開始讚賞這個新練習。當然，我不是為了說不而說不，我只是在展現決心、為自己的選擇負責、停止滿足別人需求勝過傾聽自己的過程中感到快樂！

說Fuck不代表不管他人死活。非常不一樣。說聲幹，是把栓在自己身上的約束與命令拿掉，心就輕鬆。

## 學習說  不

**我說「不」是為了保護自己；我瀕臨極限時，也說「不」：**
我自己的文件都沒搞定就去幫忙別人恐怕會得不償失。

**我禮貌地表達自己：**我跟他解釋，如果我現在去幫他，就沒時間搞定我手上這份緊急文件了；我避免解釋太多，畢竟我也沒義務跟他說，更重要的事（姊妹淘輕食聊天會這種的）在某個地方等我。

**我冷靜理性地看待我說「不」帶來的結果**以及別人的眼光。
米榭爾因為我沒跟往常一樣當個爛好人所以生氣了？他會習慣的！

**我（終於）把自己的需求與渴望當成最重要的事：**
搞定工作後，我揮一揮衣袖不帶走一片雲彩，
跟好姊妹們一起爽爽享受我們的美麗時光

本日真言

# BE YOUR OWN KIND OF AWESOME

用妳自己的方式大放異彩

## 第六次OTA聚會：停止瘋狂亂想

當我看到白板上寫著這次聚會的主題：「打敗提慮症」，我問自己是不是走錯間了。這像比我們的聚會還嚴肅！面對排排站的簡稱字串、無情缺席的中間字讓這串文字跟Ikea的家具一樣難發音，我不是唯一一個困惑的人。還好，史諦芬快刀斬亂麻：

「就是提前憂慮的症頭！」

啊──！原來如此！

史諦芬繼續說：「你們已經多少次提早擔心一個問題……然後這問題最後根本沒發生？」

聽眾一致同意，於是，真相只有一個──我們通通是提慮症患者！

「你們已經多少次胡思亂想、杞人憂天？你們為這個浪費了多少時間？」

我們齊聲回答：「太、多、了！」

我們根本變成某種美國教會的信眾，牧師講道，信眾滿心只想大喊「哈利路亞」。我們只差一首福音流行歌了！

「你們已經多少次想像最糟的狀況……然後根本白擔心？」
「太常了！」史諦芬的信眾狂熱回應他。

接著，史諦芬要我們好好想一想；如果願意的話，我們可以把之前提早擔心過的問題或麻煩列出來……列那些最後發現完全是

窮緊張的事情！

- 這要花一點時間，不過我非常勇敢地照做了……。
- 有一天，我相信安端外遇了，因為他手機裡有封陌生號碼傳來的簡訊：「你把內褲留在我這裡了。」那其實是他媽，她換了手機……也換了號碼。
- 有一天，我相信我姊準備對我宣布：她得了絕症。
- 有一天，我相信自己得了絕症。
- 有一天，我相信自己會因為工作上犯錯了而被開除，因為我不小心把打洞機帶回我家。

    ……。

　　史諦芬請我們好好留著這清單，等下一次又在亂想的時候拿出來看看，提醒自己，問題還沒來按門鈴就在那邊杞人憂天真的沒有意義（他比喻一直都很生動！）。我們的皮質醇指數，也就是壓力荷爾蒙的分泌會變得比較穩定。

　　我不必等太久，馬上就來了真人考驗。我才從OTA聚會回家，安端迎了上來，跟我說：「嗨，那個，妳收到一封掛號信。」我的血在血管中亂衝。我腳下的地慢慢裂開……。

　　我痛恨收到掛號信。我老是幻想最壞的事要發生了。誰找我碴？為什麼是我？而且常常，他們只在晚上放掛號招領通知單，我沒辦法馬上去郵局領信，以了解是誰寄的。所以緊接著的，是漫長的12個小時，我一直去想是誰寄的？要幹嘛？為什麼？12個小時真的很長，都可以看四次《鐵達尼號》了！

　　不過，這種缺乏理智的反應呢，只有以前的艾莉絲會做了。我馬上把手放進口袋，摸到了我的清單。我深呼吸，將招領通知單放到包包裡，去做其他的事。我打算好好享受跟安端在一起的晚

間時光，才不要一直胡思亂想到明天！幹！Fuck！內心深處，我想：「啊！我們的小艾莉絲也終於突破自己了。」（對，當我要恭喜自己時，我也有這個用第三人稱來稱呼自己的習慣＃范德美戰隊[29]）

　　<u>我放下執著完全是對的</u>。因為，隔天早上，我就發現那封掛號只是銀行寄給我的新支票簿。從此，我也以自己的方式體會了《阿甘正傳》裡，我最愛的哲學思考：生命就像一盒巧克力，我們永遠不知道會拿到什麼……但是先別急，你先咬一口，才知道是不是苦苦的！

本日心情

SOME DAYS,

*you just*
HAVE TO
CREATE YOUR OWN
SUNSHINE

總有那麼幾天，你必須創造自己的陽光

# 十一月十五日

## 「犯罪現場」

　　我們的同事安德烈請了三週病假了。我們試著聯絡他或去問問有關部門怎麼了，<u>但一無所獲</u>。這真是太神祕了！於是呢，我開始操心著想解開這個謎團；真的啦，他人間蒸發這麼久讓我們開始擔心了。

　　究竟這個調查會不會把我自己搞得頭昏腦脹？我請我實習生露意絲一起幫忙，她蠻有辦法的（至少她在折扣季跟人家搶熱門尺碼時非常厲害）。我沒跟她解釋我們的任務到底要幹嘛，我只是有點鴨霸地叫她跟著我（我超愛雞毛當令箭，使喚實習生。說是這樣說，但所有同事裡我對他們最好。實習生的勞動條件齁，要講可以講很久……）。

　　我們走到安德烈空空的辦公桌前，露意絲問我要做什麼。我說：「要搞定一樁案件，我的小露露。就這麼簡單。」

　　我粗略地跟她解釋說安德烈消失這麼久，大家都在問。為了要找出原因，我們要來蒐集證據。露意絲要做的很簡單，就是在我搜索安德烈的桌子時幫我把風。

　　安德烈桌上沒什麼可疑的，除了亂得無法形容之外。很難看出什麼端倪……不過呢，一包已開封的餅乾讓我推論，他離開得很緊急。沒人離開辦公桌的時候會把這麼好吃的艾薇特牌三色巧克力餅乾隨便亂扔！完全沒道理啊！

　　為了知道這餅乾在那多久了，我拿了一塊來吃。至少3星期有了（但我還是把它吃光了）……露意絲用懷疑的眼神看著我。接

著，我進攻安德烈的垃圾桶。這任務當然不怎麼愉快，不過當憲兵隊長瑪婁[30] 要幹髒活的時候，你有沒有看過她縮手不幹，唉呦髒髒？怎麼可能！

　　我找到了一大堆畫了各種刪除線的便利貼，包括一堆令人直冒冷汗的紅筆字：「緊急」、「愈快愈好」、「非常重要」，之類的、之類的。這讓我對安德烈的心理狀態又多了一層掌握。我採樣了幾張最具代表性的便利貼，將它們扔進夾鍊袋，然後命令露意絲：

　　「待會把這些都送到實驗室！」

　　我覺得我的笑話很讚，但她好像沒怎麼笑。真是的，現在的年輕人齁！算了……最後也最重要的，是我用一根髮夾撬開了他的抽屜。嘩，簡直是藏寶庫嘛！各式各樣的抗憂鬱劑跟鎮靜劑，還有各種連Nature & Découvertes[31] 的庫存也自嘆不如的薰香收藏……亂七八糟的一抽屜雜物！

　　為了完成我對這個所謂的犯罪現場的分析，他的電腦被我從休眠中叫醒，桌面圖案出現，說明了一切：一張海灘的相片、一個計時器：135天12小時10分鐘30秒。證據確鑿，印證了我的懷疑。

　　安德烈是被職業倦怠害死的！整個崩潰了，這可憐的傢伙。他原本熱愛生命、元氣滿滿，卻在壓力下崩潰了。我們卻渾然不覺，什麼都沒幫到他。我好恨好恨自己……同時，我也自私地思考著，我無論如何一定不能變成這樣，我尤其絕對不能撒手讓自己的情緒探底，因為我絕對恢復不過來……。

# 十一月十八日

## 不再沉默是金，我大聲說出我討厭什麼

　　安德烈悲慘的命運點醒了我。我是那種小事情會一直抱怨的人（但我能照顧好自己），然而，萬一問題真的來了，我往往變身鴕鳥、自欺欺人。我盡量不去想問題、繞過問題、把問題埋得深深的不解決。完全就是我對這份工作的態度：我跟自己說，雖然我每星期日晚上一想到要回去工作就會掉眼淚，沒關係啦，也還好嘛。但我知道不能這樣一直悶在心裡，要表達出來，不然姊姊我總有一天會爆炸！

　　親愛的日記，先跟你說聲抱歉，待會我要說粗話了。不過我覺得啊，這個練習就是需要這麼……簡明易懂的用字！

**我大聲給他吼出來：**
**我肚爛**

**我肚爛**賣這些茅坑專用的鬼東西。

**我肚爛**對一個蠢貨賤人唯命是從。

**我肚爛**在茶水間不斷聽到有人爆《冰與火之歌：權力遊戲》的雷。

**我肚爛**我無法以畫畫維生

**我肚爛**每年得花1500個小時跟我不喜歡的人們相處。

啊……把所有這些最近寄生心頭、大大小小的不爽都點名罵過一輪後，我覺得輕鬆多了。不過，這只是治標不治本。

為了不要讓最壞的狀況發生，我得問自己一些真正有意義的問題。問題是不是就在如何平衡一切，完美協調我的私人生活與我的職場人生？

## 尋找完美平衡

- **我堅持留一些時間給自己與親朋好友……**
  **我保留給自己幾段時間，不准隨便動用它們。**

  星期日，我不安排出門、展覽什麼的，
  就是真正專心休息一天，雖然這不簡單。

- **我捫心自問，到底什麼才對我真正重要，**
  **到底什麼才讓我在日常生活得到快樂：**

  在家或工作的時候享受創作的過程、畫畫、冥想（最近才開始的）、跟姊妹們喝一杯、跟安端出門蹓躂……

- **我決定要改善或實現的事：**

  把我熱愛的事變成我的職業。 #ikigai

只有這麼做，我才不會變得跟安德烈一樣！

# 十一月二十二日

## #ＦＯＭＯ

　　我看到這個神祕的主題標籤出現在我的Instagram動態牆上已經有一段時間了。到現在為止，我還沒有什麼時間去研究這什麼意思。這標籤真的到處都是！

**只是用來騙讚的：**

#本日相片　　#最新動態　　#本日美照

**用來描述心情的：**

#愛　　#笑爛　　#桑心　　#被保庇　　#開勳　　#幹　　#爽到跳舞

**跟報紙一樣的時令文字：**

#冬天　　#耶誕節　　#夏天　　#開工

**聯名款標籤：**

#Insta美食　　#Insta心情　　#Insta好書　　#Insta物件　　#每日Insta

**我在哪裡（有些地方讚，有些地方不）**

#布列塔尼　　#奧維爾　　#伊維薩島　　#瑞典　　#狂人國

**來點酒水吧：**

#雞尾酒　　#莫吉托　　#香檳　　#啤酒　　#我醉了

**兩代同堂樂融融：**

#兩個孩子的媽　　#三個孩子的媽　　#我愛小犬　　#我愛女鵝們　　#家庭第一

當我們看不懂這幾百萬個主題標籤之中哪怕是任何一個，我們不一定有時間（跟慾望）去深入了解。不過，這當然沒算到我有熱愛分析的靈魂、專業無比的覺知去研究研究這個像透了易位構詞遊戲的＃FOMO到底在搞什麼鬼（這個＃FOMO，我先破梗一下，在我的個案研究中將會成為關鍵）。

# ＃FOMO

在進行了3秒鐘和8公分的密集腦力激盪後，我直接跑去拜辜狗大神，讓問題的答案直接現身。

FOMO：恐懼錯失症候群。

我想起了我在史汀森太太的英文課上的經驗 —— 換句話說，FOMO就是<u>害怕錯過某些東西</u>。

那有沒有具體案例來印證這個症狀呢？我人在家中坐，爽爽享受我的崩壞之夜；進廣告的時候，我點開社交網站滑滑滑……然後發現，世界怎麼沒有停止運轉？

@joy78 PO了一張她正在試餐的超讚餐廳的圖片；@mafamilledabord貼的則是她跟她的金髮屁孩們在一起，美得像是健達出奇蛋廣告的相片；@asosfrance則貼了他們秋冬新品發表會的美照，薇吉妮‧愛菲亞也有出席。我愛死了薇吉妮‧愛菲亞！

一瞬間，我發現自己錯過了多少的機會，我浪費了多少時間來錯失整個世界。結果，我再也不能享受我的崩壞之夜了；它之前給了我這麼多快樂。我譴責自己。我覺得，剛剛如果我不搞崩壞之夜，而去做其他的事，也許會更值得……。

《大草原之家》那些角色可也是沒遇過這種超越時空的問題！他們全然活在當下，好比說吃卡洛琳精心烹調的美味羊腿，而不會跑去看鄰居在幹嘛（當然也因為他們想去鄰居家啊，還真的有

點難！）。

如今呢，我們透過科技的視窗就把別人的人生看光光囉。因此，我們很難不嫌棄自己的人生，更加難以活得自在、全然忠於享受當下。我再想下去，發現甚至在還沒有社群網站的時代，我就有這個症頭了。例如我15歲的時候，同一時間有兩場晚會都邀我出席；最後，我總是必須做出選擇。我怎麼選都覺得選錯，覺得自己錯失了某些事物。

了解這個症頭怎麼稱呼，讓我面對這個問題、這個無意義鑽牛角尖的惡果時，感覺比較不孤單。謝謝你啊，＃FOMO。

接下來，我有什麼挑戰？我要全然、平靜、自在地享受一個美好的夜晚，再也不分心。因為，這是我想要的，我感受到我需要它、我想要它，我不再把罪惡感揹到自己身上，覺得好像又錯過了更重要的。以「斷開魂結」為中心德目的美好夜晚。完全沒有其他畫面，只有自己。

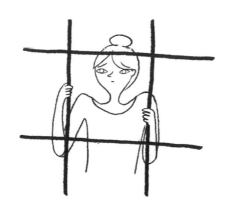

# 十一月二十四日

## 命運無情的捉弄

今晚呢，我又重新掉進煩惱不斷的洞裡了，因為白天的時候，我太輕敵，什麼都沒在擔心。說起來還真有趣⋯⋯。

我想我直接去睡覺好了。

明天見！

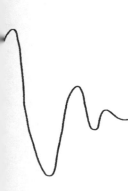

# 十一月二十六日

## 人只活一次

　　今天在工作上，我經歷了有點特別的一天。「安德烈困境」拉響了警報，管理高層決定舉辦一個「職場幸福日」，或說得更確切一點，一個「職場生活品質日」。收到通知的時候，我承認我笑了。這個規劃當然蠻感人的，不過要讓這間公司重新染上幸福快樂的色彩，一天最好是夠啦。算了，沒差，我決定有什麼就都去去看，再說這個職場幸福日的整體規劃說來蠻有趣的，有瑜珈課、養生晨食、激勵大師會談等等的。幹嘛不去？

　　所以，下午2點12分，我在演講廳帶著我的好學生筆記本坐定位，準備盡情吸收這位所謂的「激勵大師」的忠告。我們每個人只能選一場聽。我選了一位海報上的美照很吸引我的一位<u>連續創業家</u>。

　　她跟我們分享了她中規中矩的學經歷、她一開始在大公司裡做的工作，然後是<u>全然</u>的人生大轉彎。就在一天之內，她決定<u>全部放棄</u>，離職創業，主軸是她構想的數位解決方案（我聽不太懂她的產品到底在幹嘛，但那不是重點）。她<u>熱情</u>又毫無保留地聊到她無數次自我懷疑、<u>多少多少的障礙</u>橫在她的眼前：一間又一間的銀行拒絕貸款給她（女性企業家，更何況還懷孕了──她很難讓別人覺得她玩真的）、美國大集團打算開辦類似業務……<u>沒有什麼阻止得了她</u>，她永不放棄。她老公無怨無悔支持她，她強調，這也是她成功的一大助力。

　　聽她演講，我們恐怕會猜，眼前這女人是不是有點被虐狂。她

前進的每一步都辛苦成這樣!

　　接著,她開誠布公,分享她為何、又怎麼在這一大堆困難之中尋得平衡,為何、又怎麼有勇氣堅持下去,終於成為科技界女企業家的標誌人物。她簡單直率不做作地跟我們說,她每天都因為這些努力、這些衝鋒陷陣而覺得自己真正活著,她覺得這是最最重要的。

　　上面這句話由隨便的別人來講就是陳腔濫調,但聽了這麼長一串她的故事,這句話就充滿意義。雖然我們這位最近搬到舊金山的女強人講話一直烙英文,害我沒辦法100%聽懂,我還是全然感受到她滿滿的力量與願力。她生命熱烈的頻率讓我好有共鳴。

　　她用一句簡單有力的話結束了演講:「找到妳心之所愛,然後勇敢去追吧,我親愛的女孩們」。在場確實99%都是女生(不過我們的實習生呂克當然也在)。在那一刻,因為她,我們萬人一心。一定沒有人希望這場演講結束。充滿啟發的分享能震撼我們、改變我們的心理狀態,難道不是一件很驚人的事嗎⋯⋯。

　　我上一次那麼感動,是看電影看到《春風化雨》最後一幕的時候:學生們爬上書桌,奮力喊叫「噢,船長,我的船長」來歡送他們的老師基廷。我克制自己別跟電影中的學生一樣跳到折疊椅上(而且在我們公司這樣做,應該就麻煩大了)⋯⋯。

　　我不是那種課後會跑去前面諂媚老師的人,但我還是決定聽從直覺渴望,在結束的時候去講臺謝謝她。這幾個月,我

學會欣賞、重視為我帶來正能量的一切美好；這些經驗、這些邂逅昇華了我的生命。而且我此刻能這麼能量滿點，都要感謝她。

她對我微笑，單刀直入問我：「妳呢，<u>什麼事情會讓妳的生命熱烈起來？</u>」

我跟她說，我對畫畫很有愛，想出版我的作品，可是目前計畫暫時擱淺了，因為我沒有時間與心力全心全意投入其中。

「不過妳有想在工作中貢獻你的專長嗎？說不定在哪裡就有機會讓妳結合畫畫的熱情跟妳的行銷專業。我知道在法國，我們通常什麼工作就做什麼事，很難去思考突破框架的可能。但FUCK！說真的，我們只活一次！」

最後，她送我Nike那句中肯有力、從此對我來說意義滿滿的口號：Just do it，女孩！

我謝謝她百忙之中為我指點迷津，然後我悄悄離開了。她的話語縈繞我的心。她說的似乎很對。說不定我真的能夠協調一切！我自己很清楚，每次我要做重大決定時，我總是自我設限，因為我害怕選錯、害怕面對太困難的挑戰。其實，只要把想法安頓整理妥當，就可以讓心自由、讓心安定，然後渴望行動。要做到這些，有什麼比老派的Excel更適合？這個小整理讓我能為思緒們找出意義與邏輯。

## 我評估所有的可能性

### 我為全部的選項畫張表格

→ **橫軸，我寫下我選工作時在意的評判標準：**
自我實現、金錢收入、安穩無憂、發展潛力、職場氛圍

↓ **縱軸，我寫下可能的選項：**
我現在的職位、同公司不同的職位、換公司、創業成為自由工作者
我只要依照表格回答、看看哪個選項勝出就好啦！

| | 自我實現 | 金錢收入 | 安穩無憂 | 發展潛力 | 職場氛圍 |
|---|---|---|---|---|---|
| 我現在的職位 | | ✕ | ✕✕✕ | ✕ | ✕ |
| 同公司不同的職位 | ✕✕ | ✕✕ | ✕✕✕ | ✕✕ | ✕ |
| 換公司 | ✕✕ | ✕✕✕ | ✕✕ | ✕✕✕ | ✕✕ |
| 創業成為自由工作者 | ✕✕✕ | ✕ | ✕ | ✕✕✕ | ✕✕✕ |

# 十二月三日

「時來運轉……」

　　我一向是個想法實際的女孩。我一直不怎麼信星座啊、命運什麼的……我習慣笛卡兒式的思考。理性審視事物對我來說，總是比從某個超越我認知範圍的現象找原因來得簡單。

　　不過，這一次，我還是……是巧合？還是天有不測風雲？今天發生的事震撼了我！

　　跟之前一樣，我出席了跟設計公司開的月會。我們在月會裡發想、創作我們的產品包裝。對方公司派來的妹子們人很好，但還是改變不了這種月會就是在浪費時間的事實：沒人在聽，大家都在想自己的事情……總之，很無聊的一個會。是說，我之前在推特上看見一篇文章談職場生活品質，那篇文透露了讓這類會議「重新熱血」的訣竅，只要做兩件事：使用「發言權杖」（讓人更懂得傾聽），以及照顧到每個人的「內在天氣」，問問每個人今天心情好不好（讓大家都覺得自己被重視、被聆聽）。一點都不難！我得跟管理部門談談。

　　為了撐過這些跟影集《德瑞克》一樣喔天吶真是超級有趣的會議，我逃進我的熱情裡：我畫畫。我在女性雜誌看到她們把這種塗鴉叫做：Doodling（塗塗靈）。烙英文就是比較嚇趴，是齁？

　　我們說，塗塗靈能平靜身心，更能讓我們好好發洩一下（我一向認同，發洩是有好處的）；研究顯示，它還能改善我們的專注力、學習力。我的觀察啦，開會的時候畫畫是比織毛線簡單多

了。另外，我覺得<u>塗塗靈</u>的時候啊，也不必有任何的美感要求，開心就好，不用逼自己畫得多好。要<u>塗塗靈</u>，不用先變成畢卡索!

## 塗一塗，天靈靈地靈靈!

**我拔開筆蓋**（隨我心情挑選黑筆或其他顏色）。
**我隨手抓起一張紙**（活頁紙、筆記紙、印壞的會議報告……）。
**我想畫什麼、就畫什麼!**

這讓我能將思緒維持在<u>創作模式</u>，還能<u>殺時間</u>!

會議結束了，設計公司的藝術總監走向我說：「不好意思，艾莉絲，我剛剛忍不住一直看妳開會的時候在做什麼。」

我張大嘴巴，準備努力道歉……然後馬上意識到，我才是客戶耶。我於是聽她說下去。

「太讚了，我還不知道妳會畫畫！妳要不要多拿一點作品給我看？」

我有點尷尬、有點驕傲地，拆下之前幾次會議我做的其中幾頁筆記。我小心翼翼跳過惡搞她的那些塗鴉！不過真的，她超好畫的：母獅一樣的大波浪捲，方方大大的金框眼鏡，還有，她雖然四十幾歲了，穿搭風格還是跟藝校學生一樣。

她超激動！

「經典，根本經典。我太喜歡了！清新俐落，又夠時尚。艾莉絲啊，妳是天才妳知道嗎？妳都沒想過用這個賺錢？」

我簡單扼要跟她分享我的出版計畫以及我遇到的困難。她專心聽我說完，然後說：「最近這6個月，我們公司會成立一個新的設計部門，到時會開好幾個藝術總監的缺，我可以再通知妳。」

以前的我啊，聽到這些已經很想逃跑、不敢面對了，以前的我啊，會低下頭說，我沒唸過藝術學校，很難很難真的在設計部門工作的。

然而，那是從前。

我深呼吸，抬頭挺胸，偷偷做個我的能量姿勢——手扠腰，然後，堅定地跟她說：「啊，當然好啊，一定的！我再儘快寄給妳我的履歷表跟作品集。」

講完之後，我匆匆溜掉了，不讓自己有縮回去的機會……也讓她沒辦法發現我顫抖得很厲害。

# 十二月三日 (後續)

## 鑽牛角尖真痛苦：職場人生與私人生活的完美平衡

晚上我回家的時候，沒有跟安端分享今天發生的事。我們通常無話不談，不過這一次，在攤開來討論之前，我得自己好好想一想、說服自己這一切都是真的。

睡覺了，我卻不斷不斷回想今天的奇蹟，甚至問自己這是不是夢。當然囉，一連串的問題隨著我的思考浮現腦海……

→ 那，如果我去應徵了，結果沒上呢？
→ 那，如果我去應徵，也被錄取了，結果證明是沒那個屁股卻還是吃了那個瀉藥呢？
→ 那，如果我去應徵了，也被錄取了，也蠻適任的，卻忽然懷孕了呢？

她說的是六個月後的職缺，結果我現在就開始算時間，看從哪時候開始我「必須」或「可以」懷孕（我，一個相信自己能控制懷孕時間的女孩）。

我的事業心跟我個人的計畫能彼此協調嗎？哪一個是我的優先？

我想得遠到天邊啦。已經開始煩惱根本還沒發生的狀況了。經典的艾莉絲又來了，她過不好的時候，就會開始跟亞蘭・德倫一樣用第三人稱聊自己！

當下，有一句之前在網路上看到的話飄進心中，類似這樣的話吧：「如果我們能花一整個晚上擔心些不重要的事，幹嘛還睡覺呢？」讀到的時候我笑了出來，因為熬夜鑽牛角尖不太能解決問

題——而且剛好相反。

我想起小時候，我跟我姊睡不著，老媽請我們做的小小練習：

## 睡前，請停止鑽牛角尖

### 我想起一個地方，在那裡我感覺很棒、有安全感，我的心靈漫步其中

我的這個地方，是我諾曼地表哥的家。

我小時候總是在那邊度過夏天。

我走進鐵柵欄門，回想起這扇門剛重新上漆時，新鮮油漆的氣味。

我在花園走走，欣賞高大威嚴、蔭及花園的蘋果樹。

我終於走進大門，進入房子裡。

廚房誘人的香味吸引了我。

他們的阿嬤（因為共同收養的關係，她也算我的阿嬤）

又一次用花園的蘋果做了好吃的蛋糕。

…

心靈漫步繼續著。不知不覺中，糾結的思緒解開了，身體放鬆舒緩了！

這個虛擬實境的漫步能夠讓我的神經迅速冷靜下來，讓我進入幸福的狀態，平安入眠。我知道，明天早上，我會以嶄新的角度看世界。該睡覺的這一刻，我什麼決定都不必做⋯⋯。

# 十二月十四日

## 停止為他人而活

幾天前，我參加了一個其實自己根本不想去的聚會：高中同學會。類似這種活動啊，要去，就要有點膨風、有點虛張聲勢，才能讓每個人都發現妳已經是個大人物囉。我沒有很想參與這種角色扮演，但我仍然聽從了我心中跟我說「做了總比沒做好」的謎之小聲音。所以，我決定還是去跟我這巴黎地區高中的老同學聚一聚（好戲在後頭）。

到了現場，我想不起一些人的名字。有個理論是這樣說的：高中時代的帥哥都老得很快，至於壞女孩與目光放得很遠的女生，她們都跟普男或醜男在一起（依她們美學耐受力的不同，男友醜的程度就不同），因為啊，普男和醜男長大後會用自身的成就報復生命的不公，遠大的前程、白色的明天在等著我們這些醜人普鳥！

我只要看一眼就驗證了這理論千真萬確。當年的校花們如今穿著飛行夾克跟棉褲，好像永遠滯留在我們的年輕時光中……接著，我遇見了以前的同學蕾雅。她當年給人的印象不深，不過至少啦，今天晚上她光采奪目。她像毛毛蟲變蝴蝶一樣，瀟灑又散發幸福感，簡直跟磁鐵一樣有吸引力。我覺得她是我這趟追尋旅程上，很棒的一位訪查對象。

我先下手為強，在走廊上攔住她（她沒任何退路，閃不開我），端著一杯無酒精氣泡香檳當誘餌引她上鉤（讓她全部招出來），然後嘿！拷問就開始啦。

**我**：「妳住哪？」

**微笑姊姊**：「找新工作這段期間，我暫時住我媽媽家。上個月我離職了。」

**我**：「噢！妳之前做哪方面的？」

**微笑姊姊**：「金融相關的，做十年了，不過我受不了了。我想找個比較有意義的工作。所以我全都放棄、重新開始，投入我最喜歡的領域：自然療法。」

**我**：「哇，妳超有勇氣的說！結婚了沒？」

**微笑姊姊**：「還沒啦，還沒。我跟男友交往五年了，不過他不想要我們因為同居搞爛關係。他是一個害怕給出承諾的人……。」

**我**：「所以，你們還沒進展到生小孩的階段，我猜？」

**微笑姊姊**：「啊啊，當然還沒。我們一切都慢慢來！」

隨著我拷問她，我漸漸有點失望。可憐的女孩啊，她感覺活得跟我一樣平凡。甚至更糟！不過，什麼東西讓她重獲動力？她在哪找到她的熱情？我很確定有可能一輩子不會再跟她碰面，所以我打開天窗說亮話，希望她自己願者上鉤，透露她的幸福小祕方。

**我**：「再怎麼說，妳整個人感覺非常自在，我看到也覺得好開心！」

**微笑姊姊**：「噢，妳知道嗎，自從我決定不甩別人怎麼看我，懂了應該多為自己活一點，整個就好很多了。」

我對她說的表示贊同，不過她還是沒講得很清楚。我決定繼續挖掘真相，假裝什麼都不知道，讓她多說一點。

**我**：「對、對，為自己而活……我也是。我最近才打算報名一個水上芭蕾的課。」

**微笑姊姊**：「妳這樣很對，留給自己多一點時間很重要。不過我說的『為自己活』，比較是在說專注在讓我生活快樂的事物，那些讓我甜蜜地入睡、衝勁十足地起床的美好。雖然有些選擇看起來風險很高，雖然親朋好友未必能了解妳，那又怎麼樣。這講起來算有點老生常談了，不過我忘不了，我只有一輩子能活，其他人不能代替我過這一生！

　　這是一記右鉤拳，我被打趴在地。她幾句話就說了千言萬語，為我的一生做了總結；或更具體地說，總結了目前日日夜夜縈繞著我的思緒：萬一我換工作，親朋好友會怎麼想？他們會怎麼反應⋯⋯。

　　我決定好好思考這一切，順便看個《庄腳人只要真愛》，最好是看到睡著！

晚安啊，本日真言！

我們愈把自己塞進模子，就愈像一塊烤餡餅。

# 如果我多聽自己一些，少理別人一點？

　　跟蕾雅這段簡短卻震撼的對話在我身上造成了一些影響。我現在知道，我太注意別人的眼光。我在想，這是不是一種女性特質（寫是這樣寫，但我一直覺得「女性特質」這詞很蠢）！

　　而且，我好像太依賴別人幫我解答我的許多問題了。大概因為我對自己沒什麼自信吧⋯⋯

　　事實上，在做了幾個「田野個案研究」後，我發現再怎麼樣都沒有人能明確回答那些我想聽到的答案（總之在我身邊沒有這種人。連我媽都不是）。

## 個案研究＃1

　　**詢問母親的經典問題**：馬麻，妳知道嘛，現在，大巴黎的已婚伴侶兩對中有一對會以離婚收場。我35歲離婚的話有很怎麼樣嗎？

　　**「最好」的回答**：才不會呢，親愛的！還有，我跟爸爸是絕不會跟妳「離婚」的（哇，真的好棒棒喔）。

　　**「最壞」的回答**：你們這一代就是放棄得太快了。再說，妳不想重新開始學長笛嗎？妳那個時候好有天份。

　　**總結**：為了讓我媽開心，我在某個12月16日，用長笛吹了一首《親愛的耶誕老公公》給她聽。至於幾年後有沒有可能離婚這件事呢，我自己給了答案：*carpe diem*，「活在當下」！我加碼發誓：不要讓自己今天的情緒困在那些明天一定還不會發生的事情裡！（這邊我就留給拉丁文達人來翻譯啦⋯⋯）

## 個案研究 # 2

**詢問朋友的經典問題**：我慎重考慮辭掉我現在這個工作。妳覺得呢？

**「最好」的回答**：很好啊，衝衝衝！會是很棒的挑戰。我也是，我覺得我也該離職闖一闖（不曉得她這樣說是要讓我開心還是她真的有這個生涯規劃）。

**「最壞」的回答**：真的假的？那妳之後怎麼辦？妳有頭緒了嗎？妳知道接下來要幹嘛了嗎？所以妳要放棄現在工作的保障囉？妳都不會怕怕的嗎？這些妳都好好想過了？（她這樣丟出一串問句對我來說真的有用嗎？還是她面對的其實是她自己的擔心？#很難講）

**總結**：無論我得到哪種回答，都要記得這一條不變的真理：「人人有自己的生命軌跡」。跟身邊的人多聊聊是好的，不過我不應該在朋友的眼神中尋求肯定。這位朋友解答我的問題時，早就（一定不知不覺地）拿她自己的經驗、故事、渴望與恐懼當參照標準。但這是我的人生、是我自己要做選擇啊！就像伊芙琳老是愛說的一樣（她的節目《這是我的選擇》今後將在數位無線電視臺播出）。

## 個案研究 # 3

**詢問寶貝的經典問題**：親愛的，你覺得我穿這樣美嗎？

**「最好」的回答（妳想聽到的）**：寶貝，妳從來沒有這麼閃亮亮過！這件靛藍色的羊毛開襟毛衣低調奢華地凸顯了妳海洋般深邃的眼神，我都還沒提到妳這件摺疊裙把妳整個人的線條烘托出來，一整個風情萬種，前無古人、後無來者呢（我真的不該沉迷M6頻道那些電視劇了，因為我老公永遠不會這樣誇讚我，**永遠不**）。

「**最壞**」**的回答**：美、很美啦，不過……妳穿這樣不會讓妳的腿看起來更短嗎？欸，我這只是個問句喔！

**總結**：問別人這種問題有用嗎？沒有。問題應該這麼問：我認為，我自己穿這樣美嗎？我穿這樣有沒有讓我夠自信、甚至有了點征服全世界的渴望？

對我這些（有時候很誇張、很荒謬的）問題，其實在我心深處，已經有了答案……只是有時候，我不想聽、<u>不想聆聽來自自我的聲音</u>。

### 那如果，我多傾聽自己一點呢？

- **如果我多傾聽自己一點，**
  我就會去報名那夢想了好幾年的畫畫課。

- **如果我多傾聽自己一點，**
  我會去跟老闆談，跟她說不妨放給我多一點責任。

- **如果我多傾聽自己一點，**
  我會試著冒險，一個人出去旅行。

- **如果我多傾聽自己一點，**
  我會大膽上前跟我七樓的鄰居聊聊天。
  他們感覺超酷的，但我總是只能尷尬微笑，
  怯怯地說一聲「早安」。

- **如果我多傾聽自己一點，**
  我會跟某位我逼自己一年要見一次面的
  兒時好友說聲<u>FUCK</u>

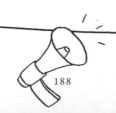

## 就這麼簡單！

我已經可以不受別人的反應影響來做決定了，不過呢，我考慮轉換跑道這件事，還是得問一問我最親密的男人，跟他好好討論。再怎麼說，我決定應徵與否，當然會影響我們的生活、我們的共同計畫。再說，我也必須盡快決定了！

我不諱言，我男人有他的缺點（好比說他就是沒辦法承認自己有錯、他很怕冷……），不過我真的要說，就這件事來說，他讓我大感吃驚。他的思路（笛卡兒式的。這些男人啊，有時候就是很擅長這樣思考）以及他的分析能力讓我印象超深刻的！

**我男人，別名笛卡兒笛先生：**「妳想去應徵就對了？」
**我：**對啊，我蠻怕的，不過這是一個爆炸讚的機會。

**笛先生：**「啊，那就衝一發啊！」
**我：**「嗯，不過這樣的話，我們生寶寶的計畫……。」

**笛先生：**「妳懷孕了？」
**我：**「還沒啊，我目前知道的是還沒啦……。」

**笛先生：**「那好，我們等妳真的有了再來討論，妳說呢？」
**我：**「好、好。」

他簡單俐落的思考殲滅了我的擔憂。決定了。我明天就寄給她們我的履歷表……。

$$1 + 1 = 2$$

## 這療法，讓妳青春永駐

好。就這樣。是時候了。今天說不定是我新人生的第一天（我總是小心別給自己太多壓力）。

所以啦，我決定去應徵我們的合作對象她們新成立的設計部門。為了讓情勢不要顯得很嚴重，也為了給自己勇氣，我給自己來一個小小的無憂療法，學習的對象是我心中的一位「Fuck it天后」——我的實習生。

只要跟這位純種千禧寶寶相處個幾分鐘，我就體會到，如果我們好像什麼都不在乎，人生會多麼爽快、多麼簡單（我強調「好像」，是因為我很確定他們一定不是真的這樣子）。她的這些特質，總讓我大為驚嚇，可是又有點羨慕她的瀟灑不羈、直逼放肆。

她有辦法直率地回應上司（包括我），掀翻一切職場階級的金科玉律。

她面對他人目光，顯得一派抽離。

她為了買一個名牌包包，花光微薄的月薪，而仍然無憂無慮，毫不擔心之後的日子要怎麼過。

她穿衣服的時候沒在跟妳客氣的，一套搭得比一套還有「創意」，從來不會自問是不是穿得太誇張了。

她的祕密坦白說，就是：有辦法把自己的需求擺到別人的需求前面。好啊，Fuck！老娘我只活一次啦！老娘明天就把作品集跟履歷表寄出去！

# 十二月二十五日

## 耶誕節休戰

　　我就是大家口中，耶誕節的~~粉絲~~怪咖。只要給我一首瑪麗亞·凱莉的〈你是我最想要的耶誕禮物〉，一套耶誕花環，一杯香檳，一塊鵝肝，我就會是世界上最幸福的女人。

　　我不知道為什麼每年的這個時節，我都會這麼瘋癲這麼狂。有可能是因為我藉這個機會，讓自己徹徹底底休息一下。放暑假時，我放鬆身心、日光浴做好做滿；耶誕節的時候，<u>我則跟所有人事物</u>，包括跟自己和解（今年更是如此，因為我有了嶄新的決心）。

　　管他什麼生活中的大事件、不愉快、不幸福，我套上我那套「怪美的」耶誕毛衣，忘掉這一切：我甚至根本忘記我媽說過，這件超大號羊毛衣根本沒辦法展現出我的曲線；我的小外甥因為大家准許他看第五十四次的《冰雪奇緣》重播而快樂到發瘋，我冷眼旁觀；我甚至忘了已經試了好幾個月、用意是要讓我快快懷孕的飲食療法（＃阿嬤有偏方）；當我公公跑來戳我說他「期待好久的金孫」在哪裡，我裝沒聽到……。

　　耶誕節的時候，我就是愛本身。我熱情又貼心，以各種小眉角啊，散播歡樂散播愛。

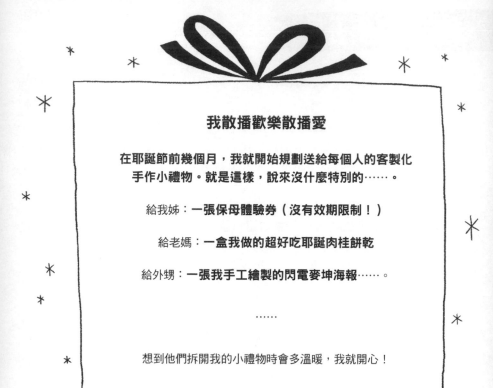

### 我散播歡樂散播愛

在耶誕節前幾個月，我就開始規劃送給每個人的客製化手作小禮物。就是這樣，說來沒什麼特別的……。

給我姊：**一張保母體驗券（沒有效期限制！）**

給老媽：**一盒我做的超好吃耶誕肉桂餅乾**

給外甥：**一張我手工繪製的閃電麥坤海報**……。

……

想到他們拆開我的小禮物時會多溫暖，我就開心！

上面說了這麼多，要表達的只是：耶誕節對我來說是一段享受小小的、簡單的幸福，並和我很珍惜的人兒們相知相聚的時光。可能我太天真，看太多M6頻道那些電視劇吧，不過無所謂啦！

會不會只是因為跟室外的冰天雪地比起來，室內太溫暖了？或因為耶誕樹聞起來香香的？或因為木柴蛋糕吃起來真是甜蜜蜜？不管怎樣，耶誕時節我特別開心，我找回了生命的意義（就算我們是在巴黎慶祝耶誕節！）。

今年呢，也不例外。不管未來的人生有多少挑戰，我滑進我的舒適圈，任憑所有的倒楣事在腦海裡煙消雲散，然後專注在當下、此刻、現在的喜悅。

# 十二月二十七日

## 耶誕老公公來了！

　　<u>登登登等</u>！我全心盼望（但同時又愛又怕）的事情在剛剛真的實現了！我接到了邀請我去面試的電話。還好，面試日期沒有拖太久：我們約一個禮拜多以後面談，這代表我沒時間想太多。我唯一覺得煩的事情，是我大概十年沒正式面過不管是什麼的鬼試了，除了跟我的銀行顧問。面試的規矩我都忘光光了。安端說他可以充當我的教練，但這反而讓我更緊張。活到現在，我第一次想傾聽自己、憑感覺就去面試。

　　接到面試通知的那晚，我<u>興奮到翻掉</u>。不過，我做了我那「反正最壞也不過……」的小小練習，讓自己保持理性冷靜。神奇的是，因為這個練習，我很快就安詳地進入了夢鄉。

## 第七次OTA聚會：無論風霜，故事依然繼續

等待面試的日子裡，我忐忑不安又興奮得不得了。我決定再回去跟現在我已經認定是隊友的傢伙們聚一聚：我的OTA狐群狗黨。我等不及要跟他們分享我的近況、我的進步，但同時也想跟他們吐露這一切為我帶來的新煩惱（牛牽到巴黎還是牛）。

我們吵吵鬧鬧，像一群長假結束後返校的國中生一樣。此時，史諦芬出來主持秩序：我們要先上課，學學理論，然後才能聊天！他的課不會讓我失望的。

粉筆寫字的聲音（史諦芬想讓大家拿出更嚴肅的態度時，就會使用黑板）引導我們回到今日主題：

# 迎戰我對失敗的恐懼

我望著史諦芬一個一個寫下這些字，心情輕輕顫抖著。失敗……不管是小學最後一年級的時候，老師跟我們談到的學業失敗，還是四十歲的時候，我們眼睜睜看著自己投入了全部心血的新創公司轟然倒閉，這短短兩個字，多麼令人恐懼啊。這讓我們又想到，我們似乎總是必須覺得自己很可恥。尤其在法國，我們胸懷對於「成功」的熱情；從小，沒人教我們怎麼自在地面對失敗，畢竟這個文化讓我們認為，失敗是我們最邪惡的敵人。

史諦芬知道他觸動了敏感神經。所以，他非常用心地引導大家領略這次聚會的精神，就像歐巴馬非常用心地準備演講一樣。好

像在做夢吧？我沒辦法確定，不過我好像真的聽到了一句*Yes we can*。

　　史諦芬打包票，從這次聚會離開的時候，我們會對失敗投以全新的眼光。我希望他不要讓我失望。我不喜歡別人支票開得天花亂墜，結果到最後根本全部跳票。跟《樂來樂愛你》一樣。看過的人都跟我說這部片一定會改變我的人生；結果，雖然我看雷恩‧葛斯林看到飽、看到爽，還想像自己是艾瑪‧史東，跟他一起喝了杯雙倍氣泡飲，這部片在我的生命中還是船過水無痕。但是好啦，我最近的經驗讓我了解，我們不應該太早下判斷。所以，史諦芬說的每一個字，我都仔細聽著。我們全神貫注地看他能變出什麼花樣。

　　為了說服我們，他還得引用引用科學家說的話。他說：「你們有沒有聽過塔爾‧班夏哈？」

　　我點點頭（你啊你，模範生症候群，我就是戒不掉你……），然後為了這些我幾個月前聽都沒聽過、現在卻對我的生命意義重大的人物（塔爾、尚恩……）感動。

　　我開始幻想這些「幸福教練」組成一個男孩團體。此時，史諦芬繼續說：

　　「塔爾‧班夏哈在哈佛大學講授這所學校有史以來最受歡迎的一門課——『正向心理學』。他的書在世界各地翻譯出版。塔爾學說的一大思想主軸是：接受自己的不完美與失敗讓我們更快樂。他稱這樣的信念為「屢敗屢戰主義」，跟「完美主義」相反。完美主義認定生命就是一連串的成功與正面情緒，屢敗屢戰主義則接受人生路坑坑疤疤才正常；殺不死我們的，會使我們更堅強！所以，屢敗屢戰主義要我們學習的是：擺脫所有對完美

的追求。」

簡直字字句句都在我們之間引發迴響呢。我們每一個人的腦子都沸騰了！是的，又是一樣的，只是我們怎麼看、怎麼引導思緒的問題而已……。

為了佐證論點、讓抽象的理論感覺更實際一點，史諦芬有個很棒的點子：請一位運動心理學家來跟我們聊聊。她的工作是什麼呢？就是負責指導頂尖運動員——一群最容易被「對失敗的恐懼」影響的人。這位要我們跟她說話千萬別拘束的心理學家麗茲如是說。

她傳授給我們幾招她通常留給她口中「我的小寶貝們」的祕技。我們抓緊了筆記本，準備接受這一場醍醐灌頂……。

「針對妳的恐懼，妳要做的第一件事是：分、析、它。沒頭沒腦扔出一句「我害怕」是沒有任何意義的。我們要分析妳恐懼的原因，妳面對的情勢，然後我們解碼妳的恐懼，從而馴服它：我在怕什麼？為什麼我怕？我如何理解它、熟悉它，進一步讓它變得微不足道、將它轉化為我的助力而不再是阻力？各位，都記下來了嗎？」

整個聚會瀰漫的卻是一片跟黃金一樣的沉默……。

「至於要怎麼管理恐懼，我們必須問自己一些有智慧的問題。好，那如果我沒成功，會發生什麼事？常常啊，我們會發現根本不會發生什麼事——這讓我們能夠勇往直前；萬一我們終究還是失敗了，也別緊張、更別失去理智，因為人生就是偶爾會失敗嘛，失敗也是學習的一部分。你們有看過嬰兒第一次走路就昂首闊步嗎？怎麼可能。在能夠好好走路之前，他跌倒過、摸索過、兩條腿打結過……我們的失敗，也不過就這麼一回事！」

我想到嬰兒腿打結的畫面，微笑了。我想，這位女士說得真有道理。

「最後一個步驟：我們面對失敗，試著了解哪裡出問題：<u>是因為我自己嗎</u>？我的行動導致了失敗嗎？還是因為<u>別人</u>的緣故（如果是別人，我也無可奈何）？還是因為整體情勢？我仔細檢視、整理，然後領會在心；之後，我觀察造成我失敗的各種因素下一次會不會有所變化，看看自己能不能在哪裡努力，讓下一次我能擁抱成功。重要的是，我們一定要了解，只要我們還沒死，沒什麼是大勢底定的！所有的東西，別人啊、情勢啊、尤其我們自己啊，都有可能改變。所以，不要失志，繼續努力，無論在哪個領域，最後我們一定有所收穫！啊不過，是說美眉們，不要再寄信給布萊德‧彼特了，這種努力的難度有點太高囉⋯⋯。」

感覺她對自己這個笑點蠻驕傲的，這應該也不是她第一次用這個笑點轟炸聽眾。不過，有啦，她得一分！

瞬間，我覺得自己置身於更衣室中。這間更衣室啊，不是那種國中的時候我想到就怕的（直到現在，我想到要把自己塞進那件教育局發的土耳其綠緊身舞衣*，渾身的血就冰涼），我想像的比較是《挑戰星期天》裡面那間，就在裡面，艾爾‧帕西諾飾演的教練對他的隊員發表了激勵靈魂的演說（心累的時候很適合聽）。

因為麗茲的話，我們深信，我們已經準備好要克服萬難。這次的OTA小聚簡直來得正是時候，因為我正處在人生的轉捩點上。此刻，我只有一件事要做：<u>打趴這個去他的失敗恐懼</u>！

為了給自己一點勇氣，我做了個「逆轉勝名人榜」。我真的很喜歡看別人在幹嘛呢。我常常屏氣凝神傾聽。我喜歡偷看別人家

---

* 這件緊身舞衣是那一年巴黎地區憂鬱症比率爆增的原凶。

的窗戶、研究別人的生活模式。這讓我覺得好提神。所以囉，為了打趴對失敗的恐懼，我也這麼做。

---

## 她們做到了！

- **Ｊ・Ｋ・羅琳**離了婚，靠社會福利過活。然後，她寫出了她暢銷系列作的第一部作品：《哈利波特－神祕的魔法石》。
- **歐普拉・溫芙蕾**，公認為美國電視圈最富有、最有影響力的女性。然而，她童年過得很辛苦，而且在到達如今地位前，遭受了無數次的事業挫折。
- **梅莉・史翠普**在一次試鏡會上，聽見某位製作人評論她不夠美，沒辦法在新版《金剛》裡軋一角。這當然沒能阻止她勇往直前……。

---

研究人們怎麼從失敗中浴火重生總能啟發我，並激勵我超越自己！

# 一月十日

## 從理論到實踐……只要跨出那一步（或小小幾步）

就是今天！我抵達面試會場，心情還算不錯。大概是因為我早上又做了3分鐘超讚早晨操——我的能量姿勢吧。我驕傲挺胸，抬起下巴，雙手叉腰，跟神力女超人一樣，大喊：「全世界我尚介讚！」現在呢，我全神貫注，集中著精神。有點緊張，當然的啊。不過，絕對不是像我這幾年啊，一直對這類的面試或可能的職涯變化感到焦慮、內在混亂無比那樣。我決定把這次面試當作一項挑戰、一個契機、一回合的好運氣，而不是生命中該搬開的第一千零一顆石頭。結果，真的不一樣了！

面試我的，是他們公司的大老闆傑夫（我覺得要做這種藝術相關產業啊，好像一定要取一個少於5個字母的名字……還好！我過關，剛好5個字）。我向他說明我的學經歷，又為什麼我想要來個職涯髮夾彎。出乎意料，連我自己也嚇到的是，我因為決心與激情而發著光，傑夫先生似乎也因此沒辦法無動於衷！連我自己都偷偷開始起雞皮疙瘩。心靈上，我化身為一個強勢的、口若懸河的、梅莉·史翠普式的大人物，有能力震撼全場聽眾。我決心滿滿，知道自己要去哪。我信心萬丈！

聊了一小時後，傑夫陪我走到樓梯前。不知道是因為他對我一點架子都沒擺，害我的事業心小鹿亂撞，還因為我們吻臉道別，或是因為壓力又落下了……總之，我也落卜了！我從樓梯上砰砰乒乒，摔個四腳朝天。唉呦艾莉絲，妳真的讚讚讚！傑夫衝過來扶我，而出乎我意料的是，我爆笑出來，回了他一句超有梗的話：

「至少您把我看透了，尤其是我渾身韌性，真正是『從哪裡跌

倒，就從哪裡爬起來』！」

　　雖然跌得亂七八糟、淤青烏漆抹黑，我抬頭挺胸離開了這間公司，覺得這一定不是最後一次走進這座大門

你不必完美也能絢爛精彩

201

## 告別單身派對：勇敢潛下去！

最近的我總有千千種想法在腦袋裡跑。不過，一個讓我稍微停一停、休息一下的機會來了。因為，我準備要去參加一個為每個芳齡三十的女性人生留下印記的聯歡聚會：告別單身派對。

告別單身派對，就是用友情與一個很屬害的點子，讓四散各地的一群女孩聚在一起歡笑的奇蹟時光！這段時光之中，妳必須收發72342封電子郵件來密集討論，規劃出一個魔、幻、無、比的週末。這段時光之中，妳試著跟好姊妹們解釋，說馬爾地夫這個季節是很漂亮啦，但真不幸，預算爆表了（同時，妳試著別讓自己顯得太吝嗇）。這段時光之中，這是一定要的啦，妳會決定一個充滿創意、拍照時不顯胖，又能讓金髮、棕髮、紅髮女孩全都閃閃動人的穿搭主題。結果，我們到最後常常只穿白T、球鞋、牛仔褲出席盛會，同時卻挑選一套小雞布偶裝逼我們那位即將告別單身的女孩穿。我們才不管穿著小雞布偶裝的她會不會風情萬種、曲線火辣咧（通常是不太容易啦）。這段時光之中，我們會深刻體會到，有時候女孩也是超~~母羊~~的。

總之呢，我就是抱著這樣的心態出發前往瓦爾莫雷爾[32]，參加一個在週五晚上舉辦的，超棒的告別單身派對（在冬天辦婚禮，邊滑雪邊派對，說起來還真讓籌辦難度增添不少！）為了我高中時代的好友愛美麗，我決定浮出水面，再給這個週末一個機會。

第一次意見交換／交鋒讓我能清楚掌握這次的參與者中，已經浮上水面表示意見的一些人。個性鮮明的傢伙呢像是：

• 瑪喜，愛美麗的極致閨蜜，老是堅持她比其他人懂她閨蜜想要什麼。這個光出一張嘴的女人我看平常一定也很難搞。我覺得，

為了這個週末好，我最好加入她那一國！

• 愛德琳，愛美麗的兒時玩伴，個性溫柔，總是盡量調和大家的意見。

• 恩絲蝶，愛美麗的表妹，什麼都不想管，只準備來大醉一場。

• 其他圍繞著這些人轉的自由球員。很快我就會更加認識她們。

這麼多采多姿的各色人等不禁讓我們想起《勁爆女子監獄》，不過是出獄後的版本（不用說，我一定是第一女主角派柏）。

然而，有一種心靈力量讓這些女性聚在一起就愉快得不得了！這個力量啊，不是她們的好姊妹即將結婚這檔事，而是更具爆炸性的福音：終於有機會過個擺脫小孩的週末，！她們簡直跟剛剛擺脫爸媽、準備週末玩到嗨的15歲女孩一樣興奮。

每個人都驕驕傲傲毫不遮掩，亮出了壓箱的好貨：《時人》雜誌、香菸（從一個不抽菸的人的包包掏出來的）、美甲護膚組合……當然啦，還有幾公升又幾公升的酒水，就為了在這個玩到瘋的週末，不醉不罷休。

就我跟愛美麗還沒有小孩，我們兩個興致盎然地看著她們瘋……雖然我們怕幾個小時之後齁，這些亞馬遜女戰士就會開始打電話問說小朋友乖不乖、有沒有生病，並忙著展示她們的照片。不過啦，至少現在還沒，現在，大家還在瘋，還很狂啊這些妹！

狂到一個段落，酒也有點醒了，大家就圍著點心（超好吃手作奶酥蘋果塔）開始大聊天啦。聊開了，每個人漸漸坦白她們的平凡日子、她們放不下的煩惱，她們總覺得自己是個不及格的媽媽、沒能力的員工、不稱職的愛人、不合格的朋友，更有許多人覺得自己四個都是！到最後，我們面對的是同一場戰鬥、同一段追尋：找到我們嚮往已久、在心頭揮之不去的，人生去他的完美平衡！每個人聊聊自己的花邊小事，從自己的經驗出發，於是我們的派對愈來愈像我的OTA聚會。個性強硬的瑪喜讓我們一瞥她感性的一面：

　　「有時候啊，我真的很想對自己好一點、放縱一點，說服我自己說，啊，我盡力了，這樣就很棒啦。可是，我還是每天每天，不斷逼死自己。」

　　她的話在我們之間引發迴響。我們當然有試著安撫她，跟她說都一樣，我們都一樣。或許，我們安撫的，是我們自己。

　　「妳知道的，妳這個啊，不折不扣就是所謂的『心理負擔』。我們都跟妳一樣被它摧殘。」

　　是誰輕輕吐出這句話？愛德琳。她看見我們聽見這個好像是坐在心理諮商師的長沙發上才聽得見的詞時張大了眼睛，就試著給我們幾個具體例子：

• 當妳覺得某件家事非妳不可，如果妳不做，就沒人會做了——這就是心理負擔。

• 當妳覺得自己是這個家的家務大總管，覺得自己一天到晚在抱怨、哀求說「你可以洗洗碗的」、「為什麼不把你那團亂收一收呢」等等的——這就是心理負擔。

• 當妳腦海裡有太多事情待辦，覺得快累到崩潰——這就是心理負擔。

● 當妳跟自己說，這個家沒我不行，因此差一點就決定不來這個派對——這就是心理負擔……。

# 心理負擔

瑪喜回得有點直接：「好啦，那我們要怎麼對抗這個心理負擔？」
「啊，這個嘛，我還在想！」

於是，好一場超大腦力激盪啊，我們通通開始尋找解決辦法。我主動接手負責：我在牆上貼了一排六張的A4白紙，開始紀錄我們的點子！

「怎麼解決喔，我覺得就是瑪喜剛剛說的那個啊：關鍵就在我們要對自己好一點。」
「對，然後有時候記得說Fuck。」

「有一次我跟我家那隻說我整個週末都要在公司開會，其實根本沒有。我只是去一個朋友家喘口氣休息休息。我希望他可以了解我的日常生活長怎樣。我回到家的時候啊，他衝上來抱住我，問我怎麼搞定的。但是呢，日子很快又變回原樣，他分擔家務的決心已經很少很少了。」

「我呢，為了不要逼死自己，我紀錄一整天我做了什麼，而不是去條列我還要做什麼。這讓我心情變好了……。」

四面八方，心得分享蜂擁而至！當然啦，我們不可能在一個盡情開喝的晚上解決幾百萬個女人共同的困難，但至少，聊一聊讓我們輕鬆多了！我們分享著日常生活小撇步，就像十五年前我們分享要怎麼追某個男孩子那樣。

# 我對抗心理負擔
## 的具體招數

**❶ 製作生命中每個領域（職場、家庭……）的待辦事項清單時，別忘了加上優先順序：**

我買幾本美美的記事簿分配給各個領域，用顏色區分它們。

**❷ 理性看問題，將問題放到整體情況中考量，拉高思考角度：**

我跟這群派對好姊妹聊到我學到的新技巧——「所有人都可能會……」和「反正最壞也不過……」。她們很愛！

**❸ 教導伴侶，讓他更有平權意識，動手去做他該做的家務事：**

我選一個時間，跟他面對面講開來
（而不是像我很拿手的那樣，寄給他引爆衝突的簡訊）。

**❹ 提醒自己，我已經盡力了，這樣已經很不錯：**

我把我的「你不必完美也能絢爛精彩！」這句真言貼在床邊提醒自己。

**❺ 工作的時候，力氣省著點用：** 推開辦公室的門之前，我跟自己說：
「別消耗超過60%的能量在工作上」。

**❻ 事情排鬆一點，好比說星期日：**

這一天，我不預先安排任何事情，除了跟自己約好，
晚上去皮卡冷凍超市逛逛！

**❼ 多冥想沒事，沒事多冥想，因為我發現啊，冥想後，我在日常生活中更平靜了：**

每天晚上洗香香後，我都冥想十分鐘。

**❽ 最終大絕招：** 對我的貓大吼大叫……。

這個迷人的夜晚以愛美麗的同事勞兒中肯的發言作結：

「我想啊，我們應該停止尋找那所謂的完美平衡。講得好像它真的存在呢。我們該做的，是每個人各自去找屬於自己的平衡，然後依照每個人生命中發生的大小事，自己決定這些大小事的優先順序，來呼應、來微調每個人獨一無二的平衡感。」

這個週末在迷人的氛圍中行進著，每個人暫時放下各自的心事，用美好的意念打造出超讚的團隊精神。我們姊妹一條心！

週末結束了，我們決定創一個What's App的群組，組名就叫「Fuck it女孩」。我們用群組發洩情緒，交換最近又受不了哪些事，又大吵大鬧了嗎，還有其他好多好多的事！我得說，這真的蠻有效的……。

# 一月二十四日

## 號外號外大新聞

發生了這麼多事：我工作的事、籌備愛美麗的告別單身趴，以及派對本身，導致我根本沒發現月經晚來了好幾天。過往的經驗告訴我可別高興得太早，因為期待愈高，失望愈痛。我可不想每個月（經）都哭一次！我於是試著冷靜看待月經遲到，我告訴自己，可能上週末情緒太強烈，影響到月經週期了吧。不過，我還是得去藥局買個驗孕棒才行。每次在櫃臺，我都開玩笑說：「買十四送一，可不可以？」就一個放鬆壓力的方法囉……。

我盡力讓自己保持理性，不過……要是這一次真的中了呢？我們難道就沒有資格擁有屬於我們的幸福嗎？在這個當下，我有沒有表現出耐心、好好放下執著呢？我要再等一等才會知道結果——我得去安端他姊的展覽找他，沒空先回家一趟。

到了現場，客套客套之後，我躲進藝廊的廁所深處。接下來的幾分鐘恐怕是我生命中最長的幾分鐘。我決定這個時候就一定要聽那首屬於我生命中每個重要時刻的歌：偉大的邦妮·泰勒所演唱的〈心全蝕〉。我於是輕輕哼著這首歌、輕輕哼——然後看見驗孕棒上，那個去他的小小人兒正在微笑！天吶，我多麼期待啊，這個微笑！我開心到幾個月來第一次忘了在要傳的訊息裡加上隨便一個笑臉的表情符號。

為了確定檢驗結果不會再變了，我又多占用了好幾分鐘藝廊的廁所。大勢底定，我擦乾（這一次，是開心的）眼淚，出去跟安端會合，他正在欣賞他姊姊的大作。他問我還好嗎，我是不是生病了。我跟他說都很好啊，只是接下來的幾個月，是沒錯啦，我可能會不太舒服……我話講得很克制，因為還有其他人在。他緊緊抱住我，在我耳邊悄悄地說，我會是全天下最棒

208

的媽媽……。

　　無喜不成雙！就在這個時候，我看到了一小時前傳來的一封簡訊，是設計公司的藝術總監寄的：「艾莉絲，我其實不能跟妳透露這個，不過沒差啦，我真的很為妳開心：妳錄取了！」

　　我的第一反應是：衝向端著香檳托盤的服務生。不過，我改變主意了……。

　　我懷孕了。我、懷、孕、了！！！

# 二月五日

## Fuck，慌張個屁！

　　現在，我對我面對這一連串生命新挑戰的方法還算驕傲。以前，我應該會慌了手腳、甚至逃之夭夭，因為我害怕一次這麼多的變化會把人生弄得歪七扭八。當下，我相當冷靜。是我的冥想練習開花結果了嗎？還是因為這幾個月我的追尋終於有所成績？我不曉得，但至少我能為我的自我控制力而開心！

　　總之，這可不是一個，而是兩個展開在我面前的魔幻冒險！他們正式雇用我的時候，我跟他們提到了我的新狀況，他們認為這不是問題：他們就是要我加入團隊。至於我呢，早等不及要在這充滿挑戰的偉大航道上衝、衝、衝！生命中第一次，恐慌退場，鎮靜與決心翩翩降臨。該不會荷爾蒙已經開始起作用了？不會吧⋯⋯。

　　無論如何，真的太開心了！

# 二月十二日

## FOTA聚會：魔鬼訓練營

　　為了圓滿收尾OTA聚會，史諦芬邀請我們參加一個類似新兵訓練的宿營。靈感是從一個名字嗆到爆又因此賣到爆的美國節目——《Fuck it之人生大道》來的。我們全都決定要參加。這是個在青山綠水中歡度週末的好機會，因為這次宿營就選在奧弗涅的一個野營地舉行。說到底，我們自己也不太曉得我們要去幹嘛，不過大家都非常隨性、非常放鬆。

　　我們彼此之間已經有了強力的連結。至於我，一直為自己在初次聚會時隱瞞我的真名而覺得內疚。這個謊話愈來愈難承受了。我得擺脫它才行！我趁著搭火車的時間（我們全都坐在同一節車廂）跟他們坦誠一切、話說從頭。我說，我加入OTA聚會的時候啊，其實一點都不相信這有什麼用，只是我的追尋——我另外開了話頭跟他們聊這段——把我帶來這邊。我說，是到第二次之後，我才懂了這個聚會以及與大家交流對我真的有幫助。我說，這一切在我追尋放下執著的旅程中真的非常關鍵，我打從心底深深感恩他們。

　　讓我大吃一驚的是，夥伴們完全理解。我放下了心中的大石頭！終於，我可以全心享受這個田園般如詩如畫的週末。我們就是為了田園風光而來的。結果完全不是！

　　我們才剛踏上所謂的「基地」，一個身高2公尺（寬也差不多）的巨人就上前迎接。他要我們在營期間叫他「士官長」。好吧，定調了……我滿頭都是問號，有禮貌地詢問了：這裡是「Fuck it之人生大道」營隊活動，還是部隊基地？

　　靠！我們沒去錯地方！這位士官長跟我們說明了營隊規劃跟工

作坊的內容。營隊以介紹「生命是個賤貨，<u>每個人各有屎事</u>」的營隊名稱開場。這名字太挑釁了，以至於沒人敢問哪怕隨便一個問題。我們很快就會發現，在我們面前等著的，其實是戰士的旅程，每個人都要掙扎求生，不要在泥淖裡掛掉或在攀爬障礙物時喪生。真是生命的絕美隱喻啊這個。之後，這位士官長又再演繹出更深層次：「永遠別忘了，生命是猛獸叢林。」

當天剩下來的時間（意思是，在我們洗了個爽歪歪冷水澡之後……因為*生命是猛獸叢林*）都用來進行過度敏感的管理。我盡了全力才忍住不在宣布課目時噴淚……。

- <u>我停止請求原諒</u>：當有人說「對不起」，30個伏地挺身。

- <u>我停止自我貶低</u>：說了「我太沒用了」、「我永遠做不到的」這種句子，30個伏地挺身。

- <u>我學習鴕鳥小技</u>，也就是把頭埋進沙裡（是真的埋！）。這是為了放下擔憂。只有檢附醫生證明的哮喘患者可以逃掉。我努力想取得諒解，藉口說我對沙子過敏，不過士官長並不接受。

為了結束這好像有點搞笑的營隊，幫週末畫下句點，我們用一個小活動盡情發洩：拿球棒砸爛碗盤（這個，我當仁不讓衝第一！）。

所以啦，這個週末真的蠻硬的，體力吃緊，不過真的很讚，因為它讓我們在OTA聚會涉獵過的一些理論都變得好具體……更因為它讓我們真的快笑瘋！出乎預料的是，魔鬼訓練營在一份書香風味的文字中圓滿落幕：我們必須一起

發想一份OTA大憲章，一串我們將共同遵守的約定。

這就是成果啦！我得說，我們對這個成果蠻自豪的⋯⋯。

## 我，（名字），
## 今天承諾⋯⋯

1. 對自己好一點
2. 擺脫旁人眼光
3. 挺身對抗恐懼
4. 接受我的失敗，停止追求完美
5. 必要時大題小作
6. 控制好鑽牛角尖
7. 將時間留給自己
8. 相信自己
9. 停止無意義的自我譴責
10. 日常中記得發揮創意
11. 必要時，說聲FUCK

這份OTA大憲章讓每個人保持聯繫，在日常生活中支持著我們。如果有人在一開始跟我說，我跟OTA夥伴道別時會好難過，我怎麼可能相信？又一個生命中（美好）的驚奇！我當然也要謝謝皮卡醫生，是他建議我加入這個「想太多先生小姐」匿名互助會的。說再見的時候到了，在巴黎車站的月臺上，我熱淚盈眶⋯⋯。

## 就只是說聲再見

親愛的日記，

我們開始這場探險時，我可沒想過它是這麼精彩，我們能走這麼遠！已經一年了呢（這是我生命中第三長的親密關係，第一是安端，第二是我的電子雞）。

我在你的紙上走過了多少旅程……你真的是個忠實的戰友，謝謝你！♥

這並不是一帆風順的旅程（最好也永遠不要是）。我掙扎，我前進，我倒退，我懷疑，我進步，我超越極限……我學到了東西。

我學會跟（太）容易就充斥生活的小挫折說 FUCK；向我的鑽牛角尖說 FUCK；向罪惡感說 FUCK；向別人的眼光說 FUCK，最、最重要的，是向完美主義說 FUCK。

當然，偉大的航道還沒有走到盡頭呢。日常生活中，我得繼續融入「我開心嗎？」這個對我的生命平衡好重要的概念。我會扔給自己幾個好問題：什麼會讓我開心？什麼能給我快樂？我渴望完成什麼？然後，我就能智慧滿點，排出各種選項的優劣順序。

栽培幸福、放下執著，真的就只是習慣問題！因為啊，根據我這幾個月所印證的，我好些時候的心理狀態，我看待、分析生命中大小事的方式，以及我怎麼採取行動，其實都取決於我自己。

《 我們這個世代最大的發現是，一個人調整想法，
　　　　　　就能夠改變人生。 》
　　　　　　　　　　　　　　　——威廉・詹姆斯

　　總之呢，幸福啊、放下執著，這些都要持續練習才會有。歐普拉不是一天造成的！但這不該妨礙我為生活中的小進步、為我前進了多遠、為我改變了多少、為我省思了多少、為我邂逅了哪些閃亮亮的人兒而開心。親愛的日記、我的旅伴，能夠有你跟我一起展開這場美麗的挑戰，我真的好開心。因為有你，我能說出自己的想法、還給自己一顆自由的心，從來沒感覺被批判過。謝謝你！

　　此刻，就像我們說的，管他天搖地動，舞臺繼續精彩！就靠我繼續這趟美麗旅程了！所以，我要揮揮手放你自由，因為我認為，接下來就是我的事了。喜劇團體三個臭皮匠說得好：「撿起我吧，這是你的命運。」

　　這就是我想做的！另外我也想，跟別人分享我探索的成果以及我的省思，不是也蠻棒的嗎？所以，我決定把我整趟追尋旅程放到網路上一個部落格給人參考：www.cellequiaditfuck.com.
如果除了我之外，這能幫到其他人，我會很開心的。

　　謝謝你，我親愛的日記，謝謝你在我放下執著的美好追尋中支持著我！

# 三月二日

## 團結就是……大家一起大喊Ｆ…ＵＣＫ！

令我吃驚的是，我醒來的時候，發現我部落格上書寫這場追尋的文章，一夜之間湧進了358條評論。

我一定不是唯一一位尋找祕方，來減輕生活重量、全然為自己而活、活得自在又開心、不再頭痛、不再整天煩惱——的女性。

不完美女孩萬歲，我不完美我驕傲！

358
358個未來的
大聲說幹的女孩！

# 三月六日

FxxCK

　　我照完超音波了……我真的懷孕了。而且啊，好像還有一個小「驚喜」……或，兩個……我看我得去買個第二本日記！

217

# 三月八日

## 大聲說幹的女孩最踋踋

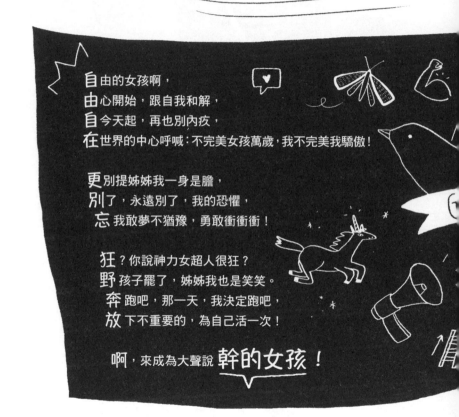

自由的女孩啊，
由心開始，跟自我和解，
自今天起，再也別內疚，
在世界的中心呼喊：不完美女孩萬歲，我不完美我驕傲！

更別提姊姊我一身是膽，
別了，永遠別了，我的恐懼，
忘 我敢夢不猶豫，勇敢衝衝衝！

狂？你說神力女超人很狂？
野 孩子罷了，姊姊我也是笑笑。
奔 跑吧，那一天，我決定跑吧，
放 下不重要的，為自己活一次！

啊，來成為大聲說**幹的女孩**！

# 偉大追尋的寶藏在此

我一整年蒐集的資料都在這邊了……

## 我看的影片

我用欣賞《法庭女王》的熱情欣賞它們（我承認，《法庭女王》那嬌小的女主角也教給我們很豐富的生命大課！）#我愛ＴＥＤ

**喬納譚・雷曼：**〈幸福小小抄〉
https://www.youtube.com/watch?v=2Utw9OysLP8
不容錯過！

**珍妮佛・維諾：**〈放膽與眾不同，唯一做你自己！〉
https://www.youtube.com/watch?v=BXmBkHL J4XI
我聽到一直起雞皮疙瘩。真的啦！#女孩衝衝衝

**愛咪・蔻蒂：**〈肢體語言塑造了妳〉
https://www.ted.com/talks/amy_cuddy_your_ body_lan-
guage_shapes_who_you_are?language=fr
就是她讓我（和其他幾百萬人）學會「能量姿勢」這一招！

**尚恩・艾科爾，**〈讓你工作更順的幸福祕訣〉
https://www.ted.com/talks/shawn_achor_the_hap-
py_secret_to_better_work?language=fr
愛你呦，尚恩 ♥

**喬舒亞・菲爾茲・米爾伯以及瑞安・尼可德慕斯：**〈東西更少，生命更好〉
https://www.youtube.com/watch?v=GgBpyNsS-jU
真是的，我媽都已經懂了──「艾莉絲，把房間收好來！」

**西蒙・席耐克：**〈職場中的千禧世代〉
https://www.youtube.com/watch?v=Qf TRvttNFDs
我在想要不要把這個寄給我家實習生……。

## 我的幸福書單*

塔爾‧班夏哈，《99分：快樂就在不完美的那條
路上》（美商麥格羅‧希爾，2009）。

丹‧哈里斯，《快樂，多10%就足夠：一個明星主播如何解除壓力、
停止自我批判，並保持正念的靜心之路》（天下文化，2015）。

尚恩‧艾科爾，《哈佛最受歡迎的快樂工作學：風行全美五
百大企業、幫助一千六百萬人找到職場幸福優勢，教你「愈
快樂，愈成功」的黃金法則！》（野人，2017）。

索妮亞‧柳波莫斯基，《這一生的幸福計劃：快樂也可以被管理，正向
心理學權威讓你生活更快樂的十二個提案》（久石文化，2014）。

## 網站與部落格
### 它們讓我人生視野更清晰

**一份報紙，獻給日常生活中想要再勇敢一點點
的不完美女英雄：**www.holi-me.com

**健康身心靈網：**https://www.sante-corps-esprit.com

換種風格吧，笑到**絕頂昇天網：**https://lefussoir.tumblr.com
因為啊，尚–路易‧傅尼葉說得好：「幽默就像雨
刷，沒辦法讓雨停，但能讓車子繼續前進。」

**以及所有我引用的網路匿名金句。**它們在日常生活中很啟發
我，雖然說我找來找去還是找不到作者是誰……。

---

\* 給自己的小筆記：研究指出閱讀對消減壓力是有益的；每天閱讀六分鐘，就能降低緊張！

注：

1. 此處作者玩雙關遊戲。Yes, we can！為歐巴馬的競選標語。

2. Maastricht，馬斯垂克，歐盟成立條約簽訂地；Magritte，馬格利特，比利時超現實主義畫家。

3. 《美少女戰士》與《神力女超人》分別為日本少女漫畫與美國英雄電影，皆以拯救世界的女英雄為主角。

4. Sexion d'assaut，中譯「性感突擊饒舌組」，為2002年在巴黎創立的法文嘻哈樂團。

5. 這裡有許多翻譯可能的選項例如去他的、輕鬆想、吼伊爽、爽就好、隨便啦、去他的、去死啦、去死⋯⋯等等。主人翁打算採取的是一種「隨遇而安」、「隨他去」的態度。

6. 美國影集。

7. 意指「想太多的人」。這裡保留原文，以符合作者括號後面的解釋。

8. 原文為les Over-Thinkers anonymes。Anonyme除意指「無名氏」之外，還有「沒有個性、缺乏原創感」之意，但「想太多」明明就是非常具有「個性」的標籤，作者在這裡算是幽自己一默。

9. 法國歌手Camélia Jordana有一首歌〈不，不，不〉（Non, non, non）。

10. 源自法國歌手Johnny Hallyday一首名為〈慾望〉的歌，當中有「『想有慾望』的慾望」（l'envie d' avoir envie）一詞。Hallyday於2017年12月5日逝世。

11. Nora Hamzawi，法國新生代演員、幽默家、廣播主持人。

12. Jean-Jacques Goldman，法國歌手。

13. 美國作家蘿拉·英格斯·懷德（Laura Ingalls Wilder）於1935年出版了《大草原之家》自傳小說，寫她們一家人在西部拓荒的時光。

14. La galette des Rois，為一月六日主顯節時，歐洲法語區的居民食用的餅。

15. 這是一款六歲以上的小孩就可以玩的桌遊，遊戲機台上繪製病人的圖像，遊戲者輪流扮演醫生角色為「病人」治病。遊戲玩法請參考法國Hasbro遊戲公司網頁說明。

16. 法國勞動法將工作合約分為兩種；CDD，即有限期合約；CDI，即無限期合約。後者穩定、較有保障。

17. L'Amour est dans le pré 是法國的一個電視實境秀，為不限性別、年齡的農人徵求愛情。

18. Cristina Cordula，知名巴西裔法國造型顧問。

19. 原文為 J'PEUX PAS J'AI LICORNE，在法語中，表示推諉、藉口不能出席的爛藉口。作者以此自嘲，自己根本就不想參加這樣的聚會。

20. Élise Lucet，法國記者、總編、電視節目主持人，以深入的社會調查報導聞名。

21. Jonathan Lehmann，法國自我成長導師，曾為律師、交易員，在華爾街與巴黎執業。

22. 法國郵局跟臺灣不同，以效率不彰著稱。

23. 此處敘事者模仿她媽媽LinkedIn這個字的發音。LinkedIn，中譯為「領英」，為商業人際網路社交軟體。

24. 典故出自法國作家拉封丹改寫《伊索寓言》等古代寓言的作品《拉封丹寓言》中的一篇，〈橡樹與蘆葦〉。橡樹對蘆葦炫耀自己高大強壯能抵禦強風吹襲，並哀憐上蒼對蘆葦不公，將蘆葦生得瘦弱又常在多風之地繁衍。蘆葦請橡樹別擔心，他彎曲但不折斷。之後強風吹襲，蘆葦彎曲，橡樹被連根拔起。

25. Boule et Bill 是一部比利時幽默漫畫，敘述男孩Boule與他的小狗Bill的友情。

26. 碧池高峰會：碧池為Bitch（賤人）這個英文字的發音直譯，意指同事們背地裡聚在一起碎嘴、嘲笑其他同事的行為。

27. 巴黎地鐵以數字分線，這裡指的是地鐵的13號線。

28. 法國的節日之一，主要是為了促進鄰里和諧、消解都會生活的孤立感，進而達成鄰里互助的目標。在節日當天，社區常會舉辦大家可以共襄盛舉的小活動。這邊引用這個節日，頗有揶揄之意，畢竟，鄰居並不總是令人感到愉快的呀！

29. 演員尚－克勞德·范·達美於自身面臨「存在危機」之時，會以第三人稱指稱自己。

30. 法國警匪偵探連續劇Capitaine Marleau 女主角的劇中名。

31. 法國生活用品品牌。

32. 法國知名的冬季運動勝地。

222

# 謝 詞

謝謝我們的爸媽——法蘭斯與J.M.
讓我們曉得，我們可以活出自己選擇的人生，
更不妨信仰自己、信仰自己的渴望。

謝謝我們的老公——薩爸與J.E.
在這場華麗的冒險中支持我們，為我們引爆這場瘋狂！

謝謝我們的編輯——徐雅帕與辣媽
總是笑嗨嗨、正能量滿滿，用最溫暖的態度陪我們一路到出書。

謝謝我們的插畫家——蕾娜
才華洋溢，靈巧細膩的幽默女王，隨手揮灑幾
筆，我們最瘋狂的點子就躍然紙上！

U·STORY

011

# 大聲說幹的女孩
Celle qui a dit Fuck

國家圖書館出版品預行編目(CIP)資料

大聲說幹的女孩Celle qui a dit Fuck /
安-索菲.樂莎傑(Anne-Sophie LESAGE), 芳
妮.樂莎傑(Fanny LESAGE)合著.
林佑軒 譯. 蕾娜·琵蝴Léna Piroux 插畫 .
-- 初版. -- 臺北市：聯合文學, 2019.06
224面 ;14X21公分. -- (UStory ;11)
ISBN 978-986-323-307-7 (平裝)

1.自我實現 2.生活指導 3.女性

177.2                108007266

版權所有·翻版必究
出版日期／2019年6月 初版
定　　價／380元

ISBN 978-986-323-307-7（平裝）
本書如有缺頁、破損、裝幀錯誤，請寄回調換

作　　者／安－索菲・樂莎傑 Anne-Sophie LESAGE
　　　　　芳妮・樂莎傑 Fanny LESAGE
插　　畫／蕾娜・琵蝴 Léna Piroux
譯　　者／林佑軒
發　行　人／張寶琴

總　編　輯／周昭翡
主　　　編／蕭仁豪
法 文 編 輯／林佳蕙
資 深 美 編／戴榮芝
業務部總經理／李文吉
行 銷 企 劃／邱懷慧
發 行 專 員／簡聖峰
財　務　部／趙玉瑩　韋秀英
人 事 行 政 組／李懷瑩
版 權 管 理／蕭仁豪

法 律 顧 問／理律法律事務所 陳長文律師、蔣大中律師
出　版　者／聯合文學出版社股份有限公司
地　　址／110臺北市基隆路一段178號10樓
電　　話／(02) 2766-6759轉5107
傳　　真／(02) 2756-7914
郵 撥 帳 號／17623526聯合文學出版社股份有限公司
登　記　證／行政院新聞局局版臺業字第6109號
網　　址／http://unitas.udngroup.com.tw
　　　　　E-mail:unitas@udngroup.com.tw
印　刷　廠／沐春行銷創意有限公司
總　經　銷／聯合發行股份有限公司
地　　址／234新北市新店區寶橋路235巷6弄6號2樓
電　　話／(02) 29178022